우당탕탕 데니스
러시아 국민동화로 공부하는 재미있는 러시아어

우당탕탕 데니스

초판 1쇄 2024년 05월 20일

저자 빅토르 드라군스키
역자 승주연

펴낸이 김선명
펴낸곳 뿌쉬낀하우스
편집 김현정, 미하일로바 다리야
디자인 박서현

주소 서울시 중구 퇴계로20나길 10, 신화빌딩 202호
전화 02) 2237-9387
팩스 02) 2238-9388
홈페이지 www.pushkinhouse.co.kr

출판등록 2004년 3월 1일 제2004-0004호

ISBN 979-11-7036-085-8

© Pushkin House, 2024

이 책의 저작권은 뿌쉬낀하우스에 있습니다.
저작권법에 의해 한국 내에서 보호를 받는 저작물이므로 무단 전재와 무단 복제를 금합니다.

러시아 국민 동화로 공부하는 재미있는 러시아어

우당탕탕 데니스

Денискины рассказы

저자 빅토르 드라군스키
역자 승주연

뿌쉬낀하우스

서문

"데니스의 이야기"는 러시아 작가 빅토르 드라군스키가 쓴 단편 동화 시리즈이며, 데니스 코라블료프라는 소년의 삶을 그리고 있습니다. 1959년에 처음 출간된 후 해당 단편은 러시아 내에서 어린이 문학의 고전이 되었으며, 수 차례에 걸쳐서 재출간되었습니다. 2012년에 "초/중/고등학교 학생들을 위한 100권의 책"에도 선정될 만큼 교육적인 측면에서도 우수한 작품들입니다.

해당 동화들은 작가의 아들인 데니스 드라군스키와 있었던 일화를 바탕으로 쓰여진 것이며, 후에 아들은 유명 기자이자 작가가 됩니다. 러시아의 유명 작가 유리 나기빈은 데니스의 이야기 출간을 기념하는 글에서 "데니스의 이야기는 아들을 향한 무한한 사랑과 그의 앞에 펼쳐진 동심의 세계에 대한 집요한 관심 덕분에 탄생했습니다."라고 쓴 바 있습니다.

"데니스의 이야기"는 재미있고 선한 이야기이며, 여기에는 모험, 유머, 우정이 녹아들어 있고, 해당 동화를 원작으로 영화와 연극, 뮤지컬도 제작될 만큼 많은 이들의 사랑을 받아왔습니다.

동화 속에 등장하는 주인공인 데니스 코라블료프는 명랑하고 낙천적인 소년이며, 늘 우스꽝스럽고 재미있는 모험을 겪게 됩니다. 재미있으면서 교훈적인 이야기를 읽다 보면 자연스레 동심의 세계에 빠져들 것입니다.

데니스 드라군스키의 소감
Предисловие сына автора

"Дениска - это я в детстве. И я счастлив, что рассказы о приключениях Дениски прочтут корейские мальчики и девочки, а также их мамы и папы - в прекрасном переводе Чжуен Сеунг.

Денис Драгунский,
сын писателя Виктора Драгунского"

동화 속에 등장하는 데니스는 어린 시절의 저입니다. 한국 학생들과 그들의 부모님들이 승주연씨가 훌륭하게 번역한 데니스의 모험에 대한 단편 동화를 읽게 된다고 생각하니 행복합니다.

작가 빅토르 드라군스키의 아들
데니스 드라군스키

누구를 위한 책인가?

1. 러시아어 시험 기준으로 보면 해당 책에 실린 동화들은 토르플 1단계보다는 조금 어렵고, 2단계보다는 쉽습니다. 따라서 토르플 1단계 시험을 준비하시거나 1단계 시험을 다 보고 2단계로 넘어가기 전에 어휘량을 꽉 채우길 원하는 분들이 보시면 좋습니다.

2. 중급 정도의 텍스트를 읽으면서 어휘력을 늘리고 싶은 분들이 보는 것도 좋습니다.

3. 한국어를 공부하시는 러시아어권 학습자들이 보셔도 좋습니다.

4. 해석본이 직역본과 의역본 중 비교적 직역본에 가깝긴 하지만 가독성도 감안했기 때문에 번역 연습을 하고 싶은 분들이 보셔도 좋습니다.

역자가 제안하는 교재 활용 방법

1. 먼저 동화가 시작되는 부분을 펼칩니다.
2. 모르는 단어가 많아도 당황하지 않고 스스로 읽어봅니다.
3. 하지만 쉽지 않다는 것을 깨달을 즈음 시선을 아래로 향합니다. '단어 및 표현'을 보며 재미있게 해석해봅니다. 빈 공간에 단어나 표현을 적으면서 하셔도 좋습니다.
4. 자신이 해석한 것과 오른쪽 해석본을 비교해봅니다.
5. 이렇게 해서 동화 한 편을 끝까지 해석한 후에 해석한 동화 한 편을 원문으로 들어봅니다.
6. 1편씩 공부가 끝나면 부록에 있는 단어장을 오려서 갖고 다니면서 외웁니다.
7. 이런 식으로 동화 7편을 다 읽고 공부한 후에는 자신에게 맛있는 것을 사주거나 사고 싶었던 것을 사줍니다.

해설을 위한 단어 및 표현 선택 기준

해당 도서에서 역자는 많은 단어와 표현을 발췌하여 단어의 뜻이나 표현을 설명하고, 필요한 경우 문법 설명이나 어휘를 더 자세히 설명하였습니다.

해당 단어나 표현은 토르플 1단계나 2단계 시험을 준비하는 데에 있어서 도움이 되거나 동화를 이해하는 데에 있어서 필수적이라고 판단되는 단어나 표현을 선택하여 해설을 달았습니다. 원문 아래에는 단어나 표현의 뜻을 간략하게 적고, 해석본 아래에는 조금 더 긴 설명이 필요한 단어나 표현, 혹은 문법 설명, 혹은 문화와 관련된 설명을 넣거나 본문 내용과 관련해서 알아두면 좋을것 같은 단어나 표현 등을 넣어봤습니다. 예를 들어 본문에 '물놀이용 튜브'가 나왔다면 '수영복, 수영모' 같은 단어를 넣어서 물놀이와 관련하여 꼭 필요한 단어들을 추가하는 식입니다. 무척 흥미로운 단어나 표현이 많으니 재미있게 읽고 공부하셨으면 합니다.

약어 정리

[명] — 명사

[남] — 남성명사

[여] — 여성명사

[형] — 형용사

[대] — 대명사

[부] — 부사

[비] — 비교급

[전] — 전치사

[소] — 소사

[접] — 접속사

[완] — 완료상

[불완] — 불완료상

[복] — 복수형

 목차

- **Introduction**

  서문   004

  데니스 드라군스키의 소감   005

  누구를 위한 책인가?   006

  역자가 제안하는 교재 활용 방법   007

  해설을 위한 단어 및 표현 선택 기준 & 약어 정리   008

- **Contents**

  1. Он живой и светится 몸에서 빛이 나요   012

  2. Слава Ивана Козловского 이반 코즐롭스키의 명성   030

  3. Одна капля убивает лощадь 니코틴 한 방울의 위력   054

  4. Друг детства 어린 시절 친구   074

  5. Ничего изменить нельзя 아무것도 바꾸면 안돼요!   094

  6. Англичанин Павля 파블랴는 영국인   114

  7. Тайное становится явным 영원한 비밀은 없다   130

- **Bonus book**

  원문   146

  단어장   172

첫 번째 이야기
몸에서 빛이 나요
Он живой и светится

Однажды вечером я сидел во дворе, возле песка, и ждал маму. Она, наверно, задерживалась в институте, или в магазине, или, может быть, долго стояла на автобусной остановке. Не знаю. Только все родители нашего двора уже пришли, и все ребята пошли с ними по домам и уже, наверно, пили чай с бубликами и брынзой, а моей мамы все еще не было…

И вот уже стали зажигаться в окнах огоньки, и радио заиграло музыку, и в небе задвигались темные облака – они были похожи на бородатых стариков…

И мне захотелось есть, а мамы всё не было, и я подумал, что, если бы я знал, что моя мама хочет есть и ждет меня где-то на краю света, я бы моментально к ней побежал, а не опаздывал бы и не заставлял ее сидеть на песке и скучать.

단어 및 표현

возле [전]+생격: ~근처에

задерживаться [불완] (평소보다) 지체되다

ребята [명] (ребёнок의 복수형) 아이들

бублик 베이글 같이 생긴 빵

брынза 양젖과 염소젖으로 만든 치즈

зажигаться [불완] (조명이) 들어오다

огонёк [명] 조명, (반딧불이 내는) 불빛

всё [부] 지금까지, 여전히

на краю света 세상 끝에(서)

заставлять+대격: (대격)을 ~하게 만들다

어느날 저녁에 나는 모래 마당에 앉아서 엄마를 기다리고 있었다. 엄마는 대학교에서의 일이 늦게 끝났거나 가게에서 지체되었을 수도 있고, 어쩌면 버스 정류장에서 오랫동안 버스를 기다리고 있을지도 몰랐다. 나는 엄마가 늦는 이유를 모른다. 다만 우리 아파트 마당에 사는 다른 부모님들은 이미 모두 집에 왔고, 다른 아이들은 모두 부모들과 함께 각자 집으로 가서 어쩌면 부블리크나 브린자를 곁들여 차를 마시고 있을지도 몰랐지만 우리 엄마의 모습은 아직 보이지 않았다.

다른 사람들 집 창문에 불이 들어오고, 라디오에서 음악소리가 흘러나오고 하늘에 검은 구름이 움직이기 시작했는데, 그 모습은 턱수염을 기른 노인 같았다.

배가 고팠지만 엄마는 오지 않았는데, 만약 내가 엄마가 배가 고픈 채 어디선가 나를 기다리고 있다는 것을 알고 있다면 즉시 엄마에게 달려가서 모래 위에 앉아 늦도록 나를 그리워하도록 만들지는 않았을 것 같다는 생각을 했다.

— MEMO —

첫 번째 이야기. 몸에서 빛이 나요

И в это время во двор вышел Мишка. Он сказал:

– Здорово!

И я сказал:

– Здорово!

Мишка сел со мной и взял в руки самосвал.

– Ого! – сказал Мишка. – Где достал? А он сам набирает песок? Не сам? А сам сваливает? Да? А ручка? Для чего она? Ее можно вертеть? Да? А? Ого! Дашь мне его домой?

Я сказал:

– Нет, не дам. Подарок. Папа подарил перед отъездом.

Мишка надулся и отодвинулся от меня. На дворе стало еще темнее.

단어 및 표현

в это время [부] 이때	вертеть [불완] ~을 돌리다
здорово [부] (친한 친구끼리 하는 인사말) 안녕	надуться [완] 골을 내다
достать [완] ~을 갖게되다, 손에 넣다	отодвинуться [완] от ...: ...로부터 조금 떨어지다
набирать [불완] (힘, 모래 등을) 모으다	
сваливать [불완] (무거운 짐 등을) 내리다	ещё+비교급: 훨씬 더 '비교급'하다

그리고 이때 미시카가 마당에 나왔다. 그리곤 말했다.

- 안녕!

나도 말했다.

- 안녕!

미시카는 내 옆에 앉아서 덤프트럭을 두 손으로 잡았다.

- 우와! - 미시카가 말했다.

- 어디에서 났어? 트럭이 스스로 모래를 실을수 있어? 아니라고? 그럼 트럭이 스스로 모래를 내리는 거야? 그래? 그럼 손잡이는? 왜 필요한 거지? 이거 돌릴 수도 있어? 그래? 어? 우와! 나 이거 집에 가져가도 돼?

내가 말했다.

- 아니, 안 줄거야. 선물이거든. 아빠가 떠나기 전에 나한테 선물하신 거야.

미시카는 골이 나서 나한테서 떨어져 앉았다. 마당이 더 어두워졌다.

MEMO

Я смотрел на ворота, чтоб не пропустить, когда придет мама. Но она все не шла. Видно, встретила тетю Розу, и они стоят и разговаривают и даже не думают про меня. Я лег на песок.

Тут Мишка говорит:

– Не дашь самосвал?

– Отвяжись, Мишка.

Тогда Мишка говорит:

– Я тебе за него могу дать одну Гватемалу и два Барбадоса!

Я говорю:

– Сравнил Барбадос с самосвалом…

단어 및 표현

ворота [명] 대문

пропустить [완] ~을 놓치다, 못 보다

лечь [완] 눕다

самосвал [명] 덤프트럭

отвязаться [완] ~을 내버려두다, 귀찮게 하지 않다

сравнить [완] ~(대격)을 (조격)과 비교하다

나는 엄마가 올 때를 놓치지 않으려고 대문 쪽을 보고 있었다. 하지만 엄마는 여전히 오지 않았다. 아무래도 로쟈 아줌마를 만나서 둘이 서서 대화를 나누느라 나는 안중에도 없는 것 같았다. 나는 모래 위에 누웠다.

이때 미시카가 말한다.

- 덤프트럭 좀 안 줄래?

- 미시카, 나 좀 내버려둬.

그러자 미시카가 말한다.

- 그럼 난 너한테 과테말라 하나랑 바베이도스 두 개 줄게.

내가 말한다.

- 덤프트럭이랑 바베이도스[1]를 비교하다니.

---

1 해당 국가가 그려진 우표를 뜻한다.

> **이야기해 볼까요?**
>
> - '내버려두다, 귀찮게 하지 않다'라는 표현에 대해 이야기해 볼까요?
>
>   본문에서는 отвязаться라는 동사를 사용했는데 동의어적 표현으로는 оставить+대격+в покое (직역: 대격이 평안한 상태로 두다)가 있고, 빈도수가 높은 표현이니 기억해두시면 좋겠습니다.

А Мишка:

– Ну, хочешь, я дам тебе плавательный круг?

Я говорю:

– Он у тебя лопнутый.

А Мишка:

– Ты его заклеишь!

Я даже рассердился:

– А плавать где? В ванной? По вторникам?

И Мишка опять надулся. А потом говорит:

– Ну, была не была! Знай мою доброту! На!

단어 및 표현

плавательный круг 물놀이 튜브

лопнутый [형] (공 등이) 터진

заклеить [완] (구멍난 부분 등을) 붙이다

рассердиться [완] 화나다

была не была (힘들거나 위험한 일을 할 준비가 돼있다는 뜻으로) 네가 정 그렇다면

доброта [명] 선함, 배려

그러자 미시카가 말한다.
- 어, 물놀이 튜브도 줄까?
내가 말한다.
- 네가 가진 건 터졌잖아.
그러자 미시카가 말한다.
- 네가 붙이면 되잖아.
이쯤되자 나는 화가 났다.
- 그럼 수영은 어디에서 하는데? 욕실에서? 매주 화요일마다[1]?
그러자 미시카가 또다시 골을 냈다. 그리곤 말한다.
- 뭐, 네가 정 그렇다면! 내가 많이 양보했다는 것만 알아둬! 자!

---

1 공동 주택인 '캄무날카'에서 살 경우 요일을 정해놓고 욕실을 사용한 것을 의미한다.

이야기해 볼까요?

- **수영 용품에 대해 이야기해 볼까요?**
'여성용 수영복'은 купальник(상하 일체형) 이라고 하고 '비키니 수영복'은 раздельный купальник 이라고 하며, 남성들은 수영복 바지를 주로 입기 때문에 мужские плавательные шорты라고 합니다. 수영모의 경우 자기 머리보다 작기 때문에 купальная шапочка(직역: 수영을 위한 작은 모자)라고 합니다. 물놀이용 튜브는 본문처럼 плавательный круг라고 합니다.

첫 번째 이야기. 몸에서 빛이 나요

И он протянул мне коробочку от спичек. Я взял ее в руки.

– Ты открой ее, – сказал Мишка, – тогда увидишь!

Я открыл коробочку и сперва ничего не увидел, а потом увидел маленький светло-зеленый огонек, как будто где-то далеко-далеко от меня горела крошечная звездочка, и в то же время я сам держал ее сейчас в руках.

– Что это, Мишка, – сказал я шепотом, – что это такое?

– Это светлячок, – сказал Мишка. – Что, хорош? Он живой, не думай.

단어 및 표현

протянуть [완] ~을 내밀다

коробочка от спичек 성냥갑

сперва [부] 처음에는

светло-зелёный 연두색의

как будто [접] 마치 ~하듯이

далеко-далеко от+생격: ~로 부터 아주 멀리

крошечный [형] 아주 작은

звёздочка [명] 작은 별

в то же время 동시에

держать в руках: (대격)을 두 손으로 잡고 있다

шёпотом [부] 귓속말로

святлячок [명] 반딧불

живой [형] 살아있는

이 말을 하고 그는 나에게 성냥갑 하나를 내밀었다. 나는 그걸 두 손으로 잡았다.
- 네가 한 번 열어봐. 그럼 보일거야!

나는 상자를 열었고, 처음에는 아무것도 보이지 않았지만 잠시 후에 연두색의 작은 불빛을 보았는데 마치 나한테서 멀리 떨어진 곳에서 반짝이는 아주 작은 별을 두 손으로 쥐고있는 것 같은 기분이 들었다.

내가 귓속말로 말했다.
- 미시카, 이게 뭐야? 이거 뭐에 쓰는 거야?
- 이건 반딧불이야. 어때, 좋지? 이거 살아있는 거야.

이야기해 볼까요?

- **Ты открой её!에서 ты를 왜 넣었을까요?**

  만약 이 문장에서 'Открой её!'라고만 했다면 '열어봐!'의 의미였겠지만, Ты를 넣음으로서 '네가 한 번 (날 믿고, 염려 말고) 열어봐!'라는 의미를 나타내며, 이와 같은 명령문에서 상대방을 설득할 필요가 있을 때 'ты', 'Вы'라는 인칭대명사를 넣는답니다.

– Мишка, – сказал я, – бери мой самосвал, хочешь? Навсегда бери, насовсем! А мне отдай эту звездочку, я ее домой возьму…

И Мишка схватил мой самосвал и побежал домой. А я остался со своим светлячком, глядел на него, глядел и никак не мог наглядеться: какой он зеленый, словно в сказке, и как он хоть и близко, на ладони, а светит, словно издалека… И я не мог ровно дышать, и я слышал, как стучит мое сердце, и чуть-чуть кололо в носу, как будто хотелось плакать.

И я долго так сидел, очень долго. И никого не было вокруг. И я забыл про всех на белом свете.

단어 및 표현

брать [불완] ~을 가지다	ровно [부] 고르게 (숨을 쉬다)
навсегда [부] 영원히	дышать [불완] 숨쉬다
насовсем [부] 완전히 (가지다)	стучать [불완] (심장이) 쿵쾅대다
взять домой 집에 가져가다	сердце [명] 심장
схватить [완] ~을 낚아채다	чуть-чуть [부] 조금
глядеть на …: ~를 응시하다	колоть [불완] (무인칭문) 따끔거리다
наглядеться [완] 실컷 보다	вокруг [부] 주위에
сказка [명] 옛날 이야기	на белом свете 세상에서

- 미시카, 원하면 내 덤프트럭 가져. 영원히 완전히 가져가! 그리고 나한테 이 작은 별을 줘, 집에 가져가게...

그러자 미시카는 내 덤프트럭을 낚아채더니 집으로 뛰어갔다. 나는 이젠 내 것이 된 반딧불과 남아서 그것을 보고 또 보고 한참동안 봤다.

'초록색이 참 예쁘다. 꼭 옛날 이야기 속 같아. 손바닥 위에 있는데 마치 먼 곳에서 비추는 것 같아...'

나는 불규칙적으로 숨을 쉬었고, 내 심장이 뛰는 소리를 들었으며 꼭 울고 싶을 때처럼 콧속이 따끔거렸다.

나는 그렇게 오랫동안, 아주 오랫동안 앉아있었다. 주위에는 아무도 없었다. 그리고 나는 세상에 존재하는 모든 사람들을 잊었다.

MEMO

Но тут пришла мама, и я очень обрадовался, и мы пошли домой. А когда стали пить чай с бубликами и брынзой, мама спросила:

– Ну, как твой самосвал?

А я сказал:

– Я, мама, променял его.

Мама сказала:

– Интересно! А на что?

Я ответил:

– На светлячка! Вот он, в коробочке живет. Погаси-ка свет!

И мама погасила свет, и в комнате стало темно, и мы стали вдвоем смотреть на бледно-зеленую звездочку.

Потом мама зажгла свет.

단어 및 표현

прийти [완] 도착하다, 오다

променять что(4) А на что(4) Б: А를 Б로 바꾸다

погасить свет 불(조명)을 끄다

вдвоём [부] 둘이서

зажечь свет 불을 켜다

이때 엄마가 오셨고 나는 매우 반가웠으며, 우리는 집에 갔다. 부블리크와 브린자를 곁들여 차를 마시기 시작했을 때 엄마가 물었다.

- 자, 네 덤프트럭은 잘 있니?

그러자 내가 말했다.

- 엄마, 나 그거 바꿨어요.

엄마가 말했다.

- 흥미로운걸! 뭐랑 바꿨는데?

내가 대답했다.

- 반딧불이랑요. 여기 이 상자 안에 살아요. 불 좀 꺼봐요!

엄마가 불을 끄자 방안이 어두워졌고 우리는 둘이서 희미한 초록색 별 같이 생긴 것을 보기 시작했다.

잠시 후에 엄마가 불을 켜고 말했다.

이야기해 볼까요?

- **'불을 켜다'와 '불을 끄다'라는 이야기를 해볼까요?**
  '불을 켜다'는 включить(완) свет 혹은 본문처럼 зажечь(완) свет이라고 합니다. 만약 양초에 불을 붙이는 경우라면 свет 대신 свеча의 대격인 свечу를 넣어서 зажечь свечу라고 하면 됩니다. '불을 끄다'라는 표현은 выключить(완) свет이라고 합니다.

첫 번째 이야기. 몸에서 빛이 나요

– Да, – сказала она, – это волшебство! Но всё-таки как ты решился отдать такую ценную вещь, как самосвал, за этого червячка?

– Я так долго ждал тебя, – сказал я, – и мне было так скучно, а этот светлячок, он оказался лучше любого самосвала на свете.

Мама пристально посмотрела на меня и спросила:

– А чем же, чем же именно он лучше?

Я сказал:

– Да как же ты не понимаешь?! Ведь он живой! И светится...

단어 및 표현

волшебство [명] 마법, 마법처럼 놀라운 것

всё-таки [접] 그럼에도 불구하고, 그래도

решиться [완] ~할 결심이 서다

оказаться [완] 알고보니~이다

пристально [부] 뚫어지게 (보다)

именно [소] (의문사를 강조하고자 할 때) 바로, 다름 아닌

- 그래, 환상적이긴 하네. 하지만 덤프트럭같이 좋은 걸 이런 벌레랑 교환할 생각은 어떻게 한거니?

  그러자 내가 말했다.

  - 엄마를 굉장히 오랫동안 기다리다보니까 무척 심심했는데 반딧불은 세상에 있는 그 어떤 덤프트럭보다 좋더라구요.

  엄마가 나를 빤히 쳐다보더니 물었다.

  - 도대체 어떤 점이 그렇게 좋다는거니?

  내가 말했다.

  - 어떻게 그걸 이해 못할 수가 있어요? 얘는 살아있다구요! 게다가 빛이 나는걸요...

MEMO

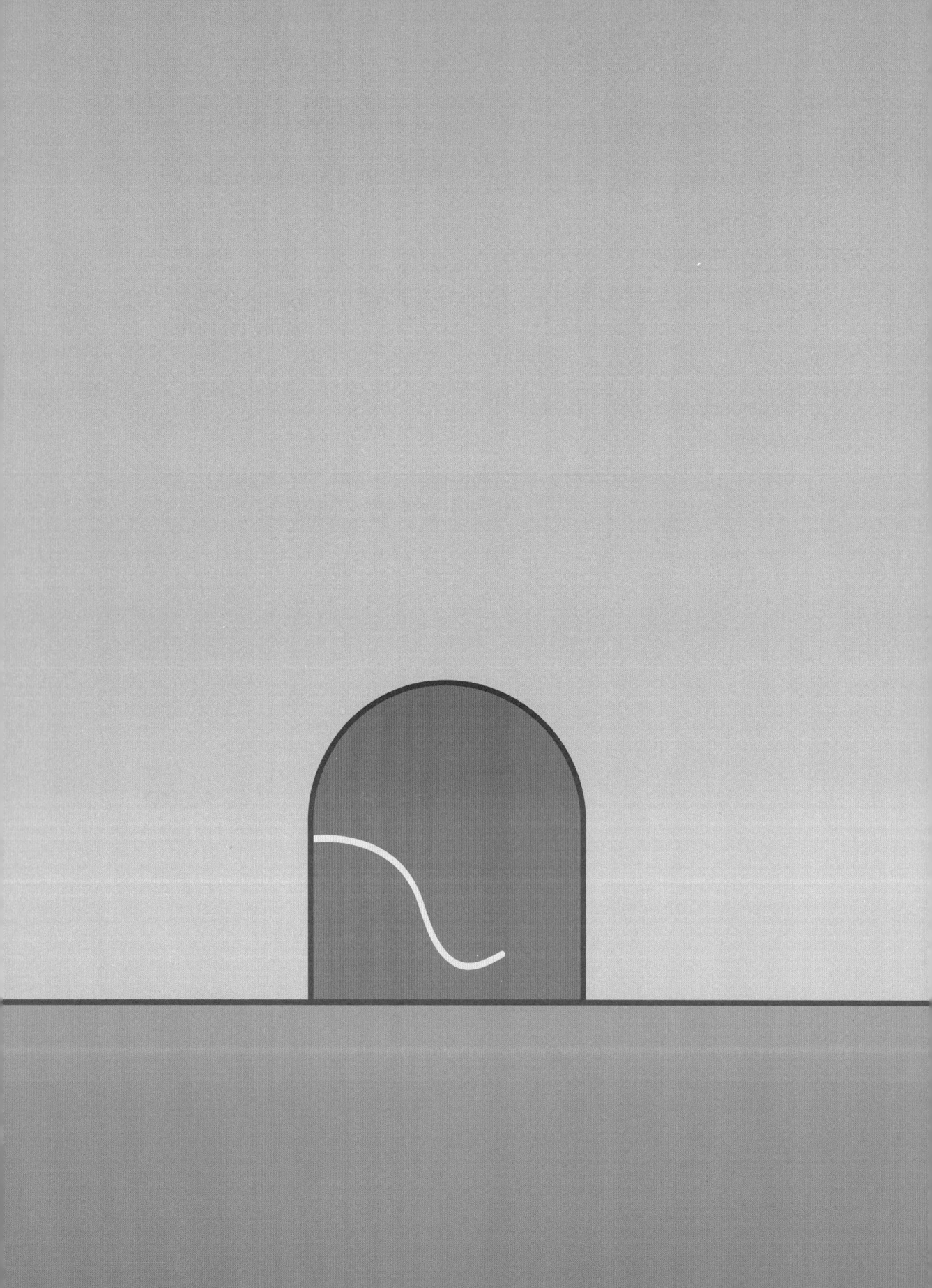

두 번째 이야기
이반 코즐롭스키의 명성
Слава Ивана Козловского

У меня в табеле одни пятерки. Только по чистописанию четверка. Из-за клякс. Я прямо не знаю, что делать! У меня всегда с пера соскакивают кляксы. Я уж макаю в чернила только самый кончик пера, а кляксы все равно соскакивают. Просто чудеса какие-то! Один раз я целую страницу написал чисто-чисто, любо-дорого смотреть – настоящая пятерочная страница. Утром показал ее Раисе Ивановне, а там на самой середине клякса! Откуда она взялась? Вчера ее не было! Может быть, она с какой-нибудь другой страницы просочилась? Не знаю…

단어 및 표현

табель [명][여] 목록, 성적표

пятёрка [명] 5점

чистописание [명] 서도 (글씨 쓰는 법을 배움)

четвёрка 4점

клякса [명] 종이 위에 생긴 잉크 얼룩

прямо [소] (놀람을 강조하며) 정말

перо [명] 펜

соскакивать [불완] (말 등에서) 떨어지다, (펜에서 얼룩이) 떨어지다

макать [불완] (액체에) 넣다, 적시다

чернила [명] 잉크

кончик [명] 끝부분

всё равно 여전히

чудеса (⇐ чудо) [명] 기적들

чисто-чисто [부] 아주 깨끗하게

любо-дорого+동사원형: 기쁘게, 기분 좋게

пятерочный [형] 5점의

середина [명] 가운데

взяться [완] (~이) 손에 들어오다

просочиться [완] 서서히 번지다, (물 등이) 새다

내 성적표에는 5점[1]을 받은 과목이 수두룩하다. 서법(書法) 과목만 4점이다. 잉크가 번져서 그렇다. 정말이지 어떻게 해야할지 모르겠다. 내 펜에 있는 잉크가 늘 공책에 떨어진다. 나는 펜촉의 맨 끝부분만 잉크에 넣는데도 여전히 잉크가 펜에서 떨어져서 얼룩을 남긴다. 내 눈으로 보고도 믿지 못하겠다. 한 번은 한 페이지를 아주 아주 깨끗하게 써서 진짜 5점짜리 페이지가 완성돼서 보기만 해도 흐뭇했다. 아침에 이걸 라이사 이바노브나 선생님께 보여드렸는데 정중앙에 잉크 얼룩이 있는 게 아닌가! 그 얼룩은 어떻게 해서 생긴 걸까? 어제까지만 해도 얼룩은 없었다. 설마 다른 페이지에 있던 잉크가 스며든 걸까? 영문을 모르겠다...

---

[1] 러시아 학교의 점수 체계의 경우 한국과 달리 2-5점까지 점수를 주는데 낙제는 2점, 3점은 한국의 C정도에 해당하며, 4점은 한국의 B에 해당하고, 5점이 A에 해당합니다.

이야기해 볼까요?

- чернила는 복수형으로만 쓰이는 명사랍니다.
- чисто-чисто처럼 동일한 부사를 하이픈으로 연결하는 경우는 어떤 의미를 나타낼까요?
  ⇒ 보통 부사의 의미를 더 강조하는데 매우 어렵거나 매우 강한 것을 나타냅니다. чисто-чисто의 경우 '깨끗하게'를 두 번 썼기 때문에 '매우 깨끗하게'라는 의미를 나타냅니다.
- всё равно는 어떤 의미로 사용될까요?
  Всё равно는 본문처럼 (아무리 노력해도) 여전히 (...하다)라는 의미로 사용됩니다.

А так у меня одни пятерки. Только по пению тройка. Это вот как получилось. Был у нас урок пения. Сначала мы пели все хором «Во поле березонька стояла». Выходило очень красиво, но Борис Сергеевич все время морщился и кричал:

– Тяните гласные, друзья, тяните гласные!..

Тогда мы стали тянуть гласные, но Борис Сергеевич хлопнул в ладоши и сказал:

– Настоящий кошачий концерт! Давайте-ка займемся с каждым инди-виду-ально.

Это значит с каждым отдельно.

단어 및 표현

пение [명] (과목명) 노래	гласный [명] 모음
получиться [완] (일 등의) 결과가 …되다	хлопнуть в ладоши 손뼉 치다
хором 다같이, 모두 함께	кошачий [형] 고양이 특유의, 고양이 목소리의
берёзонька [명] 자작나무	
выходить [불완] (결과가)…하다	заняться [완] 공부하다
всё время 줄곧, 계속	индивидуально [부] 개인적으로, 개별적으로
морщиться [불완] 인상을 찌푸리다	
кричать [불완] 소리지르다	отдельно [부] 따로, 개별적으로
тянуть [불완] (모음을) 길게 발음하다	

그래도 대체로 내 성적표 점수는 5점이다. 3점 짜리인 노래 과목만 빼면 말이다. 어떻게 해서 이렇게 됐는지 설명하자면 이렇다. 우리 음악 수업에서 있었던 일이다. 처음에 우리는 다함께 ≪들판에 자작나무 한 그루 서있었다네≫라는 노래를 불렀다. 다들 굉장히 잘 불렀지만 보리스 세르게예비치 선생님은 계속 인상을 찌푸리시고는 소리를 지르셨다.

- 여러분, 모음을 길게 끄세요, 모음을 길게 끌라구요!

그래서 우리는 모음을 길게 끌기 시작했지만 보리스 세르게예비치 선생님은 박수를 치고는 말했다.

- 고양이들 콘서트가 따로 없군요! 한 명 한 명 따로 공부해야겠어요.

한 명씩 개인 지도를 한다는 뜻이었다.

이야기해 볼까요?

- **получиться와 получить의 차이 이해하기!**
  получиться는 '(노력해서) …결과가 나오다'라는 의미이고, получить는 '~을 얻다, 획득하다'라는 의미로 사용됩니다.

- **берёза와 берёзонька의 차이 이해하기!**
  사실 берёза와 берёзонька는 모두 '자작나무'로 의미가 같지만 берёзонька는 시나 구어체서 사용됩니다. 러시아어에서는 후자와 같은 경우를 '지소형'이라고 합니다.

- **хор와 хором는 어떻게 다른가요?**
  хор는 '합창단'을 뜻하는 명사이고, хором은 해당 명사의 조격 형태가 부사로 품사가 전환되어 '모두 한 목소리로'라는 의미를 갖습니다.

И Борис Сергеевич вызвал Мишку.

Мишка подошел к роялю и что-то такое прошептал Борису Сергеевичу.

Тогда Борис Сергеевич начал играть, а Мишка тихонечко запел:

Как на тоненький ледок
Выпал беленький снежок...

Ну и смешно же пищал Мишка! Так пищит наш котенок Мурзик. Разве ж так поют! Почти ничего не слышно. Я просто не мог выдержать и рассмеялся.

Тогда Борис Сергеевич поставил Мишке пятерку и поглядел на меня.

단어 및 표현

вызвать [완] ~를 부르다	пищать [불완] 새 등이 소리지르다, 소리를 꽥꽥 지르다
рояль [명][남] 그랜드 피아노	
прошептать [완] 귓속말 하다	просто [소] 다만, 단지
тихонечко [부] 조용히	выдержать [완] 참다, 견디다
запеть [완] 노래하기 시작하다	рассмеяться [완] 박장대소하기 시작하다
ледок [명] 얼음	поставить [완] (점수 등을) 주다
беленький [형] 흰	поглядеть [완] на+대격: ~를 잠시 쳐다보다
снежок [명] 눈	

그리고 보리스 세르게예비치 선생님은 미시카를 불렀다.

미시카는 그랜드 피아노 앞에 와서 보리스 세르게예비치의 귀에 대고 귓속말을 했다.

그러자 보리스 세르게예비치가 피아노를 치기 시작했고 미시카는 작은 목소리로 노래를 부르기 시작했다.

얇은 얼음 위로

새하얀 눈이 내렸다네...

미시카가 얼마나 웃기게 찍찍대던지! 우리 집 고양이 무르직 같았다. 사람이 어떻게 저렇게 노래를 부를수가 있지! 노랫소리가 하나도 안 들린다. 나는 참을 수가 없어서 나도 모르게 큰 소리로 웃기 시작했다.

그러자 보리스 세르게예비치 선생님이 미시카에게 5점을 주시곤 나를 쳐다보셨다.

이야기해 볼까요?

- **тихо, тихонько, тихонечко의 경우**

  тихо는 '조용히'이며, тихонько는 해당 부사의 구어체인데, тихо가 가진 '조용히'라는 의미 외에 '몰래'라는 의미도 갖고 있습니다. тихонечко는 тихонько처럼 구어체에서 사용됩니다.

- **лёд-ледок, снег-снежок의 경우**

  '얼음'이란 뜻을 가진 лёд의 지소형(구어체 형태)은 ледок이며 그 외에 초겨울에 생기는 '살얼음판'을 의미하기도 합니다. снег(눈)의 구어체인 снежок는 '작은 눈뭉치'라는 의미도 갖습니다.

Он сказал:

– Ну-ка, хохотун, выходи!

Я быстро подбежал к роялю.

– Ну-с, что вы будете исполнять? – вежливо спросил Борис Сергеевич.

Я сказал:

– Песня гражданской войны «Веди ж, Буденный, нас смелее в бой».

Борис Сергеевич тряхнул головой и заиграл, но я его сразу остановил:

– Играйте, пожалуйста, погромче! – сказал я.

Борис Сергеевич сказал:

– Тебя не будет слышно.

단어 및 표현

хохотун [명] 큰 소리로 잘 웃는 사람	вести [불완] 인도하다
подбежать [완] 뛰어서 다가오다	смелее [부][비] 더 용맹스럽게
исполнять [불완] (노래를) 부르다, (악기를) 연주하다	бой [명] 전투, 전쟁터
	тряхнуть головой 머리를 한 번 흔들다
вежливо [부] 예의바르게.정중하게	остановить [완] 중단시키다
гражданская война 내전	погромче [부][비] 더 크게

그가 말했다.

- 자, 웃음 많은 아이야, 이제 네가 나오렴!

나는 그랜드 피아노 앞으로 뛰어갔다.

- 자, 어떤 곡을 부를 건가요?

보리스 세르게예비치가 예의를 갖춰서 물었다.

- 내전을 다룬 노래 '부존니, 더 용맹스럽게 우리를 전쟁터로 인도하시오!'라는 노래입니다.

보리스 세르게예비치는 머리를 한 번 흔들더니 연주를 시작했지만, 나는 그의 연주를 바로 중단시켰다. 그리곤 말했다.

- 더 크게 연주해 주세요.

그러자 보리스 세르게예비치가 말했다.

- 네 목소리가 안 들릴 텐데.

이야기해 볼까요?

- Ну-ка는 '자, 그럼, 이제'의 의미를 가진 단어로 구어체에서 상대로 하여금 어떤 행위를 하라고 재촉할 때 사용됩니다.
- Ну-с는 문장 앞부분에 쓰여서 앞에서 했던 말에 대한 결론을 이끌어낼 때 사용되며 '그래서, 따라서'라는 의미를 나타냅니다.

Но я сказал:

– Будет. Еще как!

Борис Сергеевич заиграл, а я набрал побольше воздуха да как запою:

Высоко в небе ясном
Вьется алый стяг...

Мне очень нравится эта песня.

Так и вижу синее-синее небо, жарко, кони стучат копытами, у них красивые лиловые глаза, а в небе вьется алый стяг.

> **단어 및 표현**
>
> заиграть [완] 연주를 시작하다
>
> набрать воздух 서서히 숨을 많이 들이마시다
>
> побольше+생격: 더 많이
>
> запеть [완] 노래하기 시작하다
>
> ясный [형] 맑은 (하늘)
>
> виться [불완] 선회하다
>
> алый [형] 붉은
>
> стяг [명] 기치
>
> конь [명][남] 말
>
> стучать (копытом) (말발굽) 소리를 내다
>
> лиловый [형] 밝은 보라색의

하지만 내가 말했다.
- 들릴 거예요. 그것도 아주 잘 들릴 거예요!
보리스 세르게예비치는 연주를 시작했고, 나는 숨을 최대한 많이 들이마시곤 노래를 부르시 시작했는데.

*맑은 하늘 높이
붉은 기치가 펄럭인다네...*[1]

나는 이 노래가 무척 마음에 든다.
날은 덥고 파랗고 파란 하늘이 보이는데 말들의 말발굽 소리가 들리고 말들의 눈은 예쁜 밝은 보라색이고 하늘 위에는 붉은 기치가 펄럭이는 모습이 상상된다.

---

1 '부존니 행진곡'이라는 군가

이야기해 볼까요?

- **еще как의 의미 이해하기!**
  앞에서 언급한 것보다 정도가 더 심하다는 것을 나타내서 본문에서는 주인공 목소리가 단순히 들리는 데서 그치지 않고 (선생님이 우려한 것과 달리) 오히려 더 크게 들릴 것이라는 의미로 쓰였습니다.
- **접속사 да как**은 앞부분에 언급된 행위에 대한 갑작스런 반응을 나타낼 때 사용되며 '갑자기 ...하기 시작하다'라는 의미를 갖습니다.

Мы мчимся на конях туда,

Тут я даже зажмурился от восторга и закричал что было сил:

Где виден враг!

И в битве упоительной...

Я хорошо пел, наверное, даже было слышно на другой улице:

Лавиною стремительной! Мы мчимся вперед!.. Ура!..

Красные всегда побеждают! Отступайте, враги! Даешь!!!

Я нажал себе кулаками на живот, вышло еще громче, и я чуть не лопнул:

Мы врезалися в Крым

단어 및 표현

зажмуриться [완] 인상을 찌푸리다	побеждать [불완] 이기다
восторг [명] 환희	отступать [불완] 후퇴하다
закричать [완] 소리지르기 시작하다	даёшь [간투사] 어서 속히!
что было сил 있는 힘껏	нажать [완] 누르다
виден 보이는	кулак [명] 주먹
битва [명] 전투	чуть не 하마터면 ~할 뻔하다
упоительный [형] 환희를 자아내는	лопнуть [완] 터지다
лавина [명] 눈사태	врезаться [완] 힘들게 들어가다, 도달하다
мчаться [불완] 달리다	

우리는 말을 타고 달린다네

이 대목에서 나는 심지어 환희에 차서 얼굴을 찌푸리곤 있는 힘껏 큰 소리로 노래를 불렀다.

적이 있는 곳으로!

환희를 자아내는 전투에서...

내가 노래를 잘 불러서 심지어 다른 거리까지 들렸을 것 같았다.

엄청나게 빠른 눈사태처럼! 우리는 앞으로 전진하리! 만세!

붉은 군대는 항상 승리하리라! 적들아, 물러나거라! 어서!

나는 내 배를 두 주먹으로 눌렀고 그러자 목소리가 더 크게 나와서 하마터면 내 몸이 터질 뻔했다.

우리는 크림반도에 도달했다네!

이야기해 볼까요?

- 감탄사 혹은 감투사는 감탄을 나타낼 때 사용하는 품사를 뜻합니다.
- даёшь가 давать의 단순히 2인칭 단수형이 아니라면 어떤 의미를 갖고, 품사는 어떨까요?
  даёшь를 '너는 준다'라고 해석하면 본문의 내용에 맞지 않습니다. 그리고 이 형태가 간투사로서도 사용된다는 것을 안다면 본문에서 даёшь는 간투사로 사용되었다는 것을 알 수 있습니다. 문맥상 해당 단어는 간투사로 사용되었고, '어서 ...합시다!'라는 의미로 특정 행위를 촉구하고 있습니다.

Тут я остановился, потому что я был весь потный и у меня дрожали колени.

А Борис Сергеевич хоть и играл, но весь как-то склонился к роялю, и у него тоже тряслись плечи…

Я сказал:

– Ну как?

– Чудовищно! – похвалил Борис Сергеевич.

– Хорошая песня, правда? – спросил я.

– Хорошая, – сказал Борис Сергеевич и закрыл платком глаза.

단어 및 표현

весь [대] 온전히, 완전히

потный [형] 땀에 젖은

дрожать [불완] 후들거리다

колени (⇐ колено) 무릎(들), 양쪽 무릎

склониться [완] ~쪽으로 몸을 숙이다

трястись [불완] 흔들리다

плечи (⇐ плечо) [명] 어깨(들), 양쪽 어깨

чудовищно [부] 어마어마하다, 엄청나다

похвалить [완] ~를 칭찬하다

платок [명] 숄

이때 나는 노래를 중단했는데 온 몸이 땀에 젖은데다 무릎이 후들거렸기 때문이다. 한편 보리스 세르게예비치는 연주를 했지만 상체를 그랜드 피아노 쪽으로 숙이고 치느라 그 역시 양쪽 어깨가 후들댔다.

내가 말했다.

- 어떤가요?
- 엄청나구나!

보리스 세르게예비치가 칭찬했다. 그러자 내가 물었다.

- 좋은 노래지요?
- 좋은 노래지.

보리스 세르게예비치는 이렇게 말하곤 두 눈을 숄로 가렸다.

이야기해 볼까요?

- '땀'에 대한 이야기를 잠깐 해볼까요? 본문에서 '땀에 젖은'이라는 뜻을 가진 потный라는 형용사가 나왔기 때문에 '땀'이나 '땀을 흘리다'라는 단어들에 대한 이야기를 해볼까 합니다.

'땀'은 러시아어로 пот이며, '땀을 흘리다'는 러시아어로 потеть라고 합니다.

Почему мы потеем? 우리는 왜 땀을 흘릴까?

– Только жаль, что вы очень тихо играли, Борис Сергеевич, – сказал я, – можно бы еще погромче.

– Ладно, я учту, – сказал Борис Сергеевич. – А ты не заметил, что я играл одно, а ты пел немножко по-другому!

– Нет, – сказал я, – я этого не заметил! Да это и не важно. Просто надо было погромче играть.

– Ну что ж, – сказал Борис Сергеевич, – раз ты ничего не заметил, поставим тебе пока тройку. За прилежание.

단어 및 표현

учесть [완] ~을 염두에 두다

заметить [완] ~을 알아차리다, 눈치채다

немножко [부] 조금, 살짝

по-другому [부] 다르게, 다른 방식으로

раз [접] 만약 ~하다면

поставить [완] (점수를) 주다

пока [부] 일단, 당분간

тройка [명] 3점

за [전] ~에 대한 대가로, ~에 대하여

прилежание [명] 노력

내가 말했다.

- 하지만 선생님이 피아노를 너무 작게 치셔서 그 점은 아쉬워요. 조금 더 크게 치셨다면 좋았을 텐데 말이예요.

그러자 보리스 세르게예비치가 말했다.

- 그래, 기억하마. 그런데 넌 내가 친 곡을 조금 다르게 불렀다는 것을 눈치 못 챘니?

- 아니요, 저는 눈치 못 챈 걸요! 중요한 것도 아니고 말이예요. 피아노 소리만 조금 더 컸더라면 좋았을 것 같아요.

- 아무튼. 네가 눈치 못 챘다면 일단 3점을 주마. 노력하는 모습을 보였으니까.

이야기해 볼까요?

- можно бы는 '(~했더라면) 더 좋았을텐데'라는 의미를 나타냅니다.
- ну что ж는 주제를 전환하고 싶거나 앞에서 한 말의 결론을 내리고 싶을 때 '자 그럼 (~할까요?)'의 의미로 사용됩니다.
- раз는 구어체에서 '~라면'이라는 가정을 나타내는 접속사랍니다.

Как – тройку? Я даже опешил. Как же это может быть? Тройку – это очень мало! Мишка тихо пел и то получил пятерку… Я сказал:

– Борис Сергеевич, когда я немножко отдохну, я еще громче смогу, вы не думайте. Это я сегодня плохо завтракал. А то я так могу спеть, что тут у всех уши позаложит. Я знаю еще одну песню. Когда я ее дома пою, все соседи прибегают, спрашивают, что случилось.

– Это какая же? – спросил Борис Сергеевич.

– Жалостливая, – сказал я и завел:

단어 및 표현

опешить [완] 당황하다

закладывать-заложить (уши) (귀를) 막다

жалостливый [형] 슬픈, 감동적인

завести [완] (대화, 노래 등을) 시작하다

'어떻게 3점을 주실수가 있지?' 난 충격을 받았다. '어떻게 이럴수가 있지? 3점은 굉장히 적어! 미시카는 작은 목소리로 노래를 부르고도 5점을 받았는데...'

내가 말했다.

- 보리스 세르게예비치, 제가 조금 쉬면 더 큰 목소리로 노래 부를 수 있을 거예요. 제 실력이 이렇다고 생각지는 말아주세요. 오늘 아침 식사가 부실했어요. 안 그랬으면 여기 있는 모든 아이들이 귀를 막을 정도로 크게 부를 수 있었을 거예요. 저 노래 한 곡 더 알아요. 제가 그 노래를 집에서 부르면 옆집에 사는 분들이 달려와서 무슨 일이 생긴 거냐고 물어보실 정도예요.

- 어떤 노랜데 그러니?

보리스 세르게예비치가 물었다.

- 슬픈 노래죠.

나는 이 말을 하고 노래를 부르기 시작했다.

> **이야기해 볼까요?**
>
> • же는 소사로 의문사의 의미를 강조할 때 사용되며, '도대체'라는 의미를 갖습니다.
>
> Что же вы будете пить? (카페 직원이 메뉴를 너무 오랫동안 고르는 손님에게)
>
> '도대체 어떤 음료로 하시겠어요?'

두 번째 이야기. 이반 코즐롭스키의 명성

Я вас любил…
Любовь еще, быть может…

Но Борис Сергеевич поспешно сказал:
– Ну хорошо, хорошо, все это мы обсудим в следующий раз.
И тут раздался звонок.
Мама встретила меня в раздевалке. Когда мы собирались уходить, к нам подошел Борис Сергеевич.

단어 및 표현

поспешно [부] 서둘러,

обсудить [완] 상의하다, 논의하다

в следующий раз 다음에

раздаться [완] (소리가) 들리다

собираться [불완]+동사원형: ~하려고 하다

나는 당신을 사랑했소...
어쩌면 사랑이 아직...

하지만 보리스 세르게예비치는 서둘러 말했다.
- 어, 좋아, 좋군. 우리 이 노래 이야기는 다음에 하자꾸나.
그리고 이때 수업이 끝나는 것을 알리는 종소리가 들렸다.
엄마는 옷 보관소에서 나를 기다리고 계셨다. 우리가 나가려고 할 때 보리스 세르게예비치가 우리 쪽으로 다가왔다.

이야기해 볼까요?

- быть может, может быть는 동의어로 '어쩌면, 아마도'의 뜻을 나타냅니다.
- раздевалка는 박물관이나 학교 등 건물에 있는 곳으로 겉옷이나 가방 등을 맡기는 곳 혹은 탈의실을 의미합니다.

– Ну, – сказал он, улыбаясь, – возможно, ваш мальчик будет Лобачевским, может быть, Менделеевым. Он может стать Суриковым или Кольцовым, я не удивлюсь, если он станет известен стране, как известен товарищ Николай Мамай или какой-нибудь боксер, но в одном могу заверить вас абсолютно твердо: славы Ивана Козловского он не добьется. Никогда!

Мама ужасно покраснела и сказала:
– Ну, это мы еще увидим!
А когда мы шли домой, я все думал:
«Неужели Козловский поет громче меня?»

단어 및 표현

заверить [완]+대격: ~에게 ...에 대해 확신을 갖고 말하다

абсолютно [부] 절대적으로, 아주

твёрдо [부] 확실하게

слава [명] 명성

добиться [완]+생격: ~달성하다

ужасно [부] 끔찍하게, 아주 많이, 굉장히

покраснеть [완] 얼굴을 붉히다

ещё [부] '아직 ~할 시간은 충분하다'는 의미

всё [부] 계속해서

неужели [의문 소사] (질문 외에 의심이나 놀람을 나타낸다) 정말

그가 웃으면서 말했다.

- 어, 어쩌면 아드님이 로바쳅스키[1]나 멘델례예프가 될 지도 모르겠습니다. 수리코프[2]나 콜초프[3]가 될 수도 있고, 이 아이가 니콜라이 마마이[4]처럼 유명해지거나 복서가 된다해도 놀라지 않을겁니다. 하지만 한 가지 확실한 것은 절대로 이반 코즐롭스키처럼 되지는 못할 것이라는 겁니다. 절대로 말입니다!

그러자 엄마가 얼굴을 확 붉히곤 말했다.
- 되고 안 되고는 두고 볼 일이죠!
그리고 우리가 집에 가는 동안 나는 계속 생각했다.
'코즐롭스키가 정말로 나보다 더 크게 노래를 부른단 말이야?'

---

1 로바쳅스키(1792-1856): 러시아의 수학자로 비유클리드 기하학을 창시한 수학자이다.
2 바실리 수리코프(1848-1916): 19세기 러시아 화가로 러시아의 가장 위대한 역사화가로 칭송받는다.
3 콜초프(1809~1842): 제정 러시아의 시인으로 농촌의 가난한 생활을 민요조의 시로 노래하였다.
4 니콜라이 마마이(1926-1989): 소련 시대 체스 기사

이야기해 볼까요?

- ну, ну-с, ну-ка는 어떻게 다를까요?
  1) ну는 감탄을 나타내는 간투사로 놀람이나 감탄, 불만 등의 감정을 표현할 때 사용합니다.
  2) ну-с는 소사로 앞에 했던 내용을 정리할 때 사용하며, '그러니까, 따라서'의 의미를 나타냅니다.
  3) ну-ка 역시 간투사로 행위를 촉구하거나 재촉할 때 사용합니다.

세 번째 이야기
니코틴 한 방울의 위력
Одна капля убивает лошадь

Когда папа заболел, пришел доктор и сказал:

– Ничего особенного, маленькая простуда. Но я вам советую бросить курить, у вас в сердце легкий шумок.

И когда он ушел, мама сказала:

– Как это все-таки глупо – доводить себя до болезней этими проклятыми папиросами. Ты еще такой молодой, а вот уже в сердце у тебя шумы и хрипы.

– Ну, – сказал папа, – ты преувеличиваешь! У меня нет никаких особенных шумов, а тем более хрипов. Есть всего-навсего один маленький шумишко. Это не в счет.

– Нет – в счет! – воскликнула мама.

단어 및 표현

заболеть [완] 발병하다	папироса 담배 한 개비
простуда [명] 감기	шум [명] 소음
сердце [명] 심장	хрип [명] 목쉰 소리, 깨끗하지 못한 소리
лёгкий [형] 가벼운, 심하지 않은	преувеличивать [불완] 과장하다
шумок [명] 희미한 소음	всего-навсего [구어체] 겨우, 고작해야
глупо [부] 어리석게도	шумишко [명][남] 걱정할 필요 없는 작은 소음
доводить себя до+생격: ~에 이르게 하다	
проклятый [형] 젠장할, 망할	воскликнуть [완] 소리지르다

아빠가 병이 났을 때 의사가 와서 말했다.

- 별 일 아닙니다. 가벼운 감기예요. 하지만 심장에 작은 소음이 들리니 담배를 끊으시는 것이 좋을 것 같습니다.

그가 간 후에 엄마가 말했다.

- 아무리 생각해도 망할놈의 담배 때문에 병까지 걸린다는 건 참 어리석은 것 같아. 아직 이렇게 젊은데 벌써 심장에 소음과 거친 소리가 들린다니 말이야.

그러자 아빠가 말했다.

- 과장이 심하군! 소음은 고사하고 거친 소리도 들리지 않는다구. 고작해야 작은 소음 하나 갖고. 이건 신경쓸 필요도 없어.

그러자 엄마가 소리질렀다.

- 아니, 신경쓰이거든!

이야기해 볼까요?

- ничего особенного는 어떤 뜻일까요?
  직역을 하면 '특별할 것이 하나도 없다'이며, '걱정할 필요가 전혀 없다'라는 의미입니다. 비슷한 표현으로는 'ничего страшного'가 있고, 이 표현은 누군가 실수나 잘못을 했을 때 '별 것 아니다, 신경 쓸 필요 없다'라는 의미로 쓰입니다.
- не в счёт 은 직역하면 '계산에 들어가지 않는다'이며, '~은 신경쓸 일이 아니다'란 의미입니다.
- всё-таки는 본문에서 소사로 사용되었으며 '그럼에도 불구하고, 아무리 생각해도'라는 의미로 사용되었습니다.

– Тебе, конечно, нужен не шумишко, тебя бы больше устроили скрип, лязг и скрежет, я тебя знаю…

– Во всяком случае, мне не нужен звук пилы, – перебил ее папа.

– Я тебя не пилю, – мама даже покраснела, – но пойми ты, это действительно вредно. Ведь ты же знаешь, что одна капля папиросного яда убивает здоровую лошадь!

Вот так раз! Я посмотрел на папу. Он был большой, спору нет, но все-таки поменьше лошади. Он был побольше меня или мамы, но, как ни верти, он был поменьше лошади и даже самой захудалой коровы. Корова бы никогда не поместилась на нашем диване, а папа помещался свободно.

단어 및 표현

устроить [완] '대격'이 '주격'을 마음에 들어하다

скрип [명] 삐그덕거리는 소리

лязг [명] 금속 부딪히는 소리

скрежет [명] 끼익 소리

пила [명] 1) 톱 2) 끊임없이 잔소리 하는 사람

перебить [완] 말허리를 자르다, ~의 말을 도중에 중단시키다

пилить [불완] 잔소리하다

действительно [부] 정말로, 실제로

вредно [부] 해롭다

папиросный яд 니코틴액

поменьше+생격: ~보다 더 적게

как ни верти 아무리 애를 써도

захудалая корова 비쩍 마른 젖소

поместиться [완] ~안에 들어가다

- 당신은 소음 정도로는 어림도 없고 삐그덕거리는 소리나 금속 부딪히는 소리나 끼익 소리 정도는 나야 정신을 차리지, 난 당신을 알아...

- 뭐가 됐든 잔소리를 듣기는 싫어.

아빠가 엄마가 하는 말을 중간에 끊었다.

엄마는 얼굴까지 붉히면서 말했다.

- 이건 단순한 잔소리가 아니라구. 그게 정말로 해롭다는 것만 알았으면 좋겠어. 당신도 니코틴 한 방울이 건강한 말 한 마리를 죽일수도 있다는 걸 알잖아.

전혀 예상하지 못한 말이었다! 나는 아빠를 쳐다봤다. 아빠는 물론 덩치가 크지만 그래도 말보단 작다. 나나 엄마보다는 컸지만 아무리 크게 보려고 해도 말보다는 작았고 가장 마른 젖소보다도 작았다. 젖소는 우리 집 소파에 절대 앉을 수 없겠지만 아빠는 어렵지 않게 앉았다.

이야기해 볼까요?

- во всяком случае '그것이 무엇이 되었든지 상관없이, 어떤 상황이든지 관계없이'라는 의미로 쓰입니다.

- Вот так раз! 는 '전혀 예상하지 못해서 깜짝 놀라다'라는 의미를 나타낸답니다.

- спору нет '~은 논쟁할 필요가 없다' 즉, '~는 명백한 사실이다'라는 의미입니다.

세 번째 이야기. 니코틴 한 방울의 위력

Я очень испугался. Я никак не хотел, чтобы его убивала такая капля яда. Не хотел я этого никак и ни за что. От этих мыслей я долго не мог заснуть, так долго, что не заметил, как все-таки заснул.

А в субботу папа выздоровел, и к нам пришли гости. Пришел дядя Юра с тетей Катей, Борис Михайлович и тетя Тамара. Все пришли и стали вести себя очень прилично, а тетя Тамара как только вошла, так вся завертелась, и затрещала, и уселась пить чай рядом с папой. За столом она стала окружать папу заботой и вниманием, спрашивала, удобно ли ему сидеть, не дует ли из окна, и в конце концов до того наокружалась и назаботилась, что всыпала ему в чай три ложки сахару. Папа размешал сахар, хлебнул и сморщился.

단어 및 표현

испугаться [완] 겁먹다

яд [명] 독, 독극물

выздороветь [완] 완치되다

прилично [부] 예의바르게, 점잖게

как только [접] 막 ~하자마자

завертеться [완] 부산을 떨다

затрещать [완] 말을 빠르게 많이 하다

усесться [완] (오래 있을 요량으로) 자리잡고 앉다

дуть [불완] (바람이) 불다

окружать [불완]+조격: '대격'에게 '조격' 상황을 만들다

в конце концов 결국

наокружаться [완] 지나치게 염려하다

назаботиться [완] 지나치게 챙기다

всыпать [완] (가루 등을) 쏟다

размешать [완] 섞어서 녹게 만들다

хлебнуть [완] 한 모금 마시다

сморщиться [완] 인상을 찌푸리다

나는 덜컥 겁이 났다. 나는 그런 독약 한 방울 때문에 아빠가 죽는 건 절대로 싫었다. 나는 무슨 일이 있어도 이런 일은 일어나지 않기를 원했다. 이런 생각 때문에 나는 한참동안 잠을 잘 수가 없었는데 너무 오랫동안 잠을 못 잔 나머지 결국 내가 잠이 든 것도 몰랐다.

토요일이 되자 아빠는 건강을 회복했고, 우리 집에 손님들이 찾아왔다. 유라 아저씨와 까쨔 아줌마 그리고 보리스 미하일로비치와 따마라 아줌마가 오셨다. 모두 집에 와서 굉장히 점잖게 행동했지만 띠마라 아줌마는 들어오기가 무섭게 주변 사람들을 정신없이 챙기고 수다스럽게 말하더니 아빠 옆에 차를 마시려고 앉았다. 식탁 앞에서도 그녀는 아빠를 챙기고 관심을 보이고 그에게 앉아있는 것이 편한지 창문의 틈새 바람이 아빠 쪽으로 불지는 않는지 등을 묻다가 그를 지나치게 염려하던 나머지 그의 차에 설탕을 세 스푼이나 쏟았다. 아빠는 설탕을 섞은 후에 티스푼으로 차 맛을 보더니 인상을 찌푸렸다.

이야기해 볼까요?

- **ни за что! 와 не за что! 를 비교해볼까요?**
  ни за что는 '(무슨 일이 있어도) 절대로 안돼!'라는 뜻을 나타내지만, не(/) за что!는 '천만에요!'라는 의미랍니다.

- **так+부사, что…는 '어찌나 '부사'하던지 что절 할 정도이다'라는 의미로 사용됩니다.**
  Я вернулась домой так поздно, что все уже легли спать. 내가 집에 너무 늦게 온 나머지 다들 이미 자려고 누웠다.

- **вести себя+부사…는 '부사'하게 행동하다, 혹은 처신하다라는 의미이며, 일상 생활에서 상당히 많이 쓰입니다.**
  Вчера ты вёл себя очень плохо. 너 어제 굉장히 무례했어.

– Я уже один раз положила сахар в этот стакан, – сказала мама, и глаза у нее стали зеленые, как крыжовник.

А тетя Тамара расхохоталась во все горло. Она хохотала, как будто кто-то под столом кусал ее за пятки. А папа отодвинул переслащенный чай в сторону. Тогда тетя Тамара вынула из сумочки тоненький портсигарчик и подарила его папе.

– Это вам в утешение за испорченный чай, – сказала она. – Каждый раз, закуривая папироску, вы будете вспоминать эту смешную историю и ее виновницу.

단어 및 표현

положить [완] ~을 …에 넣다

расхохотаться [완] 점점 더 큰 소리로 웃다

во всё горло 목청껏, 굉장히 큰 소리로

как будто [접] 마치 ~인 것처럼

кусать за+대격: ~을 물다

пятки(⇐ пятка) [복] 발뒤꿈치

отодвинуть [완] ~을 치우다

в сторону 한쪽으로

вынуть [완] ~을 꺼내다

тоненький [형] 가느다란

портсигарчик [명][구어체] 담배 케이스

в утешение за+대격: ~에 대한 위로 차원에서

испорченный [형동사] 망친, 못 마시게 된

закуривать [불완] 불을 붙여서 담배를 피우기 시작하다

смешной [형] 우스꽝스러운

виновница [명] 잘못을 저지른 여자

- 제가 이미 이 컵에 설탕을 넣었어요.

이 말을 한 엄마는 화가 나서 눈이 구즈베리처럼 초록색으로 변했다.

그런데도 따마라 아줌마는 목청껏 큰 소리로 웃었다. 그녀는 마치 식탁 아래에 있는 누군가가 그녀의 발 뒤꿈치를 물기라도 한 것처럼 큰 소리로 웃었다. 한편 아빠는 설탕을 잔뜩 넣은 차를 한쪽으로 치웠다. 그러자 따마라 아줌마는 가방에서 얇은 담배 케이스를 꺼내더니 그걸 아빠한테 선물했다. 그리곤 말했다.

- 이건 내가 차를 망친 대신 위로의 의미로 주는 거예요. 담배를 피울 때마다 오늘 있었던 우스운 일과 이 일에 원인을 제공한 나를 떠올리겠죠.

이야기해 볼까요?

- **смешной 와 интересный는 어떻게 다를까요?**
  смешной는 '우스꽝스러운'이란 의미를 나타내며, интересный는 '재미있는, 흥미로운'의미를 나타냅니다.

- **переслащённый와 испорченный의 공통점은?**
  두 단어 모두 각각 пересластить[완]와 испортить[완]의 피동형동사 과거 장어미형이라는 것입니다. переслащённый의 경우 본문에서 설탕을 너무 많이 넣어서 달게 변한 것이므로 '설탕을 지나치게 많이 넣은'이라고 옮기는 것이 정확하며, испорченный의 경우 문맥상 '망친, 마실 수 없을 정도로 단'의 의미이며, настроение(기분)과 함께 쓰여서 '망친 기분'을 나타낼 수도 있습니다.

Я ужасно разозлился на нее за это. Зачем она напоминает папе про курение, раз он за время болезни уже почти совсем отвык? Ведь одна капля курильного яда убивает лошадь, а она напоминает. Я сказал:

«Вы дура, тетя Тамара! Чтоб вы лопнули! И вообще вон из моего дома. Чтобы ноги вашей толстой больше здесь не было».

Я сказал это про себя, в мыслях, так, что никто ничего не понял.

А папа взял портсигарчик и повертел его в руках.

– Спасибо, Тамара Сергеевна, – сказал папа, – я очень тронут. Но сюда не войдет ни одна моя папироска, портсигар такой маленький, а я курю «Казбек». Впрочем…

단어 및 표현

разозлиться на+대격: ~에게 격노하다

за время+생격: ~하는 동안

отвыкнуть [완] 습관을 잃어버리다

убивать [불완] ~를 죽이다, 죽게 만들다

дура [명] (여성형) 바보

лопнуть [완] 금이 가거나 터지다. 폭발하다

про себя: 1) 조용히, 작은 소리로 2) 머릿속으로

в мыслях 생각으로, 머릿속으로

повертеть [완] ~을 잠시 돌리다

тронутый [형동사](⇐ тронуть) 감동 받은

папироска [명] (구어체)(=папироса) 담배 한 개비

впрочем (주저하거나 의심하며) 그건 그렇고…

나는 이런 행동을 한 그녀에게 화가 아주 많이 났다. 아빠가 아파서 거의 끊다시피한 담배는 왜 다시 상기시키는 걸까? 담배 독 한 방울 만으로도 말을 죽일수 있다는데 그런 담배를 상기시키다니. 그래서 내가 말했다.

'따마라 아줌마, 당신은 바보에요! 당신이 터져버렸으면 좋겠어요! 그냥 내 집에서 나가주세요. 아줌마의 두꺼운 다리가 더 이상 이 집에서 보이지 않도록 해주세요.'

나는 속으로 생각했고 입 밖으로 꺼내지는 않았기 때문에 아무도 못 알아차렸다.

그런데 아빠는 담배 케이스를 집더니 그걸 두 손으로 돌리기 시작했다.

아빠가 말했다.

- 따마라 세르게예브나, 고마워요. 무척 감동받았어요. 하지만 나는 '카즈벡'을 피우는데 이 담배 케이스는 너무 작아서 하나도 안 들어갈 거예요. 그건 그렇고...

이야기해 볼까요?

- **чтобы больше здесь не было+생격**
  '여기에 ~가 더이상 안 왔으면 좋겠다'라는 의미이며, 누군가를 보기 싫거나 특정 사물을 보기 싫다는 것을 표현할 때 자주 사용합니다.
- **так, что**는 так, поэтому의 의미이며, '그렇게 해서, 그래서...'라는 의미를 나타냅니다.

Тут папа взглянул на меня.

– Ну-ка, Денис, – сказал он, – вместо того чтобы выдувать третий стакан чаю на ночь, пойди-ка к письменному столу, возьми там коробку «Казбека» и укороти папироски, обрежь так, чтобы они влезли в портсигар. Ножницы в среднем ящике!

Я пошел к столу, нашел папиросы и ножницы, примерил портсигар и сделал все, как он велел. А потом отнес полный портсигарчик папе. Папа открыл портсигарчик, посмотрел на мою работу, потом на меня и весело рассмеялся:

– Полюбуйтесь-ка, что сделал мой сообразительный сын!

단어 및 표현

взглянуть на+대격: ~를 쳐다보다

выдувать [불완] ~을 불어서 식히다

на ночь 자기 직전에

укоротить [완] 길이를 줄이다, 짧게 만들다

обрезать [완] 끝부분을 잘라서 길이를 줄이다

ящик [명] (책상 등의) 서랍

примерить [완] 사이즈를 재다

отнести [완] 갖다주다, (물건을) 갖다놓다

работа [명] 특정 행위의 결과물

рассмеяться [완] 박장대소하기 시작하다

полюбоваться [완] 감상하다

сообразительный [형] 상황 판단을 잘 하는

이때 아빠가 나를 쳐다봤다. 그리곤 말했다.

- 자, 데니스야, 잘 밤에 마실 차를 세 잔째 식히는 대신 책상에서 '카즈베크' 담배갑을 가져다가 담배가 이 담배 케이스에 들어갈 정도로 자르렴. 가위는 중간 서랍에 있어!

나는 책상 있는 데로 가서 담배와 가위를 찾아서 담배 케이스 크기를 재고 아빠가 하라는 대로 그대로 했다. 그런 후에 아빠한테 담배가 가득 든 담배 케이스를 갖다드렸다. 아빠는 담배 케이스를 열고 내 작품을 본 후에 나를 보곤 신나게 웃었다.

- 영리한 제 아들의 작품을 감상들 하시지요!

이야기해 볼까요?

- 명령형+так, чтобы...는 '...하도록 ~해라'라는 의미이며, 꽤 자주 사용되는 구문 중 하나입니다.
- (сделал) всё, как велел, попросил... '명령한 대로, 부탁한 대로 전부(했다)'라는 의미이며, 역시 자주 사용되는 구문 중 하나입니다.
- на ночь는 '자기 직전에'라는 의미로 쓰이며, 'Почему вредно есть на ночь?(야식을 먹는 것은 왜 해로운가요?)'와 같은 문장이 가능합니다.

Тут все гости стали наперебой выхватывать друг у друга портсигарчик и оглушительно хохотать. Особенно старалась, конечно, тетя Тамара. Когда она перестала смеяться, она согнула руку и костяшками пальцев постучала по моей голове.

– Как же это ты догадался оставить целыми картонные мундштуки, а почти весь табак отрезать? Ведь курят-то именно табак, а ты его отрезал! Да что у тебя в голове – песок или опилки?

Я сказал:

«Это у тебя в голове опилки, Тамарище Семипудовое».

단어 및 표현

наперебой [부] 서로 앞다투어 (말하다, ~을 하다)

выхватывать [불완] 빼앗다

оглушительный [형] 귀가 먹을 정도로 크게

хохотать [불완] 큰 소리로 웃다

стараться [불완] 노력하다

согнуть [완] ~을 굽히다

костяшка [명] 주먹을 쥐거나 손가락을 굽혔을 때 튀어나온 뼈 부분

палец [명] 손가락, 발가락

постучать по+여격: ~를 두드리다, 때리다

картонный [형] 마분지로 만든

мундштук [명] 담배 머리 부분

песок [명] 모래

опилки [명] 톱밥

그러자 손님 모두가 서로 앞다투어 담배 케이스를 낚아채고는 귀가 멀 정도로 큰 소리로 웃기 시작했다. 그중 따마라 아줌마는 애써 더 크게 웃었다. 그녀는 웃음을 멈춘 후에 한쪽 팔을 구부리더니 주먹쥔 손가락의 뼈 부분으로 내 머리를 몇 대 때렸다.
　- 어떻게 담배 필터만 남기고 담배를 거의 다 잘라낼 생각을 했니? 사실 사람들은 그 담뱃잎을 피우는 건데 너는 그걸 잘라냈어! 네 머릿속에는 모래나 톱밥이 들어있는 거니?
　'7 푸드나 나가는 따마라 아줌마 머릿속에나 톱밥이 들어있겠죠.'

이야기해 볼까요?

- перестать와 비슷한 동사들을 살펴볼까요?
  кончать('끝내다')나 перестать('중단하다')와 같이 '~을 끝내다'라는 뜻을 가진 동사들은 뒤에 불완료상 동사 원형을 써서 '~하는 것을 끝내다'라는 의미를 나타냅니다.

- 웃음에 대한 이야기를 해볼까 합니다. смеяться, хохотать, хихикать, улыбаться의 차이는 무엇일까요?
  смеяться는 '소리내서 웃다', хохотать는 '큰 소리로 '하하'거리면서 웃다', хихикать는 '키드득거리다', улыбаться는 '미소짓다'라는 의미를 갖고 있습니다.

Сказал, конечно, в мыслях, про себя. А то бы меня мама заругала. Она и так смотрела на меня что-то уж чересчур пристально.

– Ну-ка, иди сюда, – мама взяла меня за подбородок, – посмотри-ка мне в глаза!

Я стал смотреть в мамины глаза и почувствовал, что у меня щеки стали красные, как флаги.

– Ты это сделал нарочно? – спросила мама.

Я не мог ее обмануть.

– Да, – сказал я, – я это сделал нарочно.

단어 및 표현

заругать [완] 욕하며 혼내다	посмотреть+여격+в глаза: ~의 눈을 보다
чересчур [부] 지나치게, 심하게	флаг [명] 깃발
пристально [부] 뚫어지게 (쳐다보다)	нарочно [부] 일부러, 고의로
взять за+대격: ~을 잡다	обмануть [완] ~를 속이다

물론 나는 이 말을 속으로 생각했다. 안 그랬으면 엄마한테 혼났을 테니 말이다. 이 말이 아니어도 엄마는 내 얼굴을 뚫어지게 보고계셨으니까 말이다.

- 자, 이리 와봐.

엄마가 내 턱을 잡고 말했다.

- 내 눈을 보렴.

나는 엄마 눈을 보기 시작했고, 내 볼이 깃발처럼 빨갛게 달아오른 것을 느꼈다.

- 너 이거 일부러 한 거니?

엄마가 물었다.

나는 엄마를 속일수가 없었다.

- 네, 일부러 그랬어요.

내가 말했다.

이야기해 볼까요?

и так+동사의 변화형은 '안그래도 ...하다(...했다)'라는 의미를 나타낸답니다. 빈도수가 높은 표현이니 알아두시면 유용하게 사용하실 수 있을 겁니다.

– Тогда выйди из комнаты, – сказал папа, – а то у меня руки чешутся.

Видно, папа ничего не понял. Но я не стал ему объяснять и вышел из комнаты.

Шутка ли – одна капля убивает лошадь!

단어 및 표현

чесаться [불완] 가렵다

объяснять [불완] 설명하다

шутка [명] 농담

아빠가 말했다.

- 그렇다면 방에서 나가. 안 그러면 손이 근질근질해서 말이야.

아빠는 아무것도 이해 못하신 것 같았다. 하지만 나는 그에게 아무것도 설명하지 않고 방에서 나갔다.

'(담배 독) 한 방울이면 정말로 말을 죽일수 있을까?'

이야기해 볼까요?

- 'видно, кажется, ...'는 '~인 것 같다'라는 의미를 나타내며 추측할 때 사용하며, 이 중 'видно'의 경우 조금 더 확신에 가까운 의미를 나타냅니다.
- ли 의문 소사로 '의문'을 더 강조하는 역할을 하며 '진짜, 정말 ...일까?'라는 의미를 갖고 있습니다.
- рука, ладонь, кисть руки를 비교해볼까요?
  рука는 '팔', ладонь은 '손바닥', кисть руки는 '손'을 나타냅니다.

네 번째 이야기
어린 시절 친구
Друг детства

Когда мне было лет шесть или шесть с половиной, я совершенно не знал, кем же я в конце концов буду на этом свете. Мне все люди вокруг очень нравились и все работы тоже. У меня тогда в голове была ужасная путаница, я был какой-то растерянный и никак не мог толком решить, за что же мне приниматься.

То я хотел быть астрономом, чтоб не спать по ночам и наблюдать в телескоп далекие звезды, а то я мечтал стать капитаном дальнего плавания, чтобы стоять, расставив ноги, на капитанском мостике, и посетить далекий Сингапур, и купить там забавную обезьянку. А то мне до смерти хотелось превратиться в машиниста метро или начальника станции и ходить в красной фуражке и кричать толстым голосом:

– Го-о-тов!

단어 및 표현

совершенно не 전혀 안...	телескоп [명] 망원경
в конце концов 결국	наблюдать в+대격: ~안을 관찰하다
ужасный [형] 매우~한	далёкий [형] 먼
путаница [명] 혼란	капитан [명] 선장
растерянный [형] 당황한	дальний [형] 멀리 가는
толком [부] 명료하게	плавание [명] 항해
приниматься за+대격: ~착수하다	расставить ноги 두 다리를 벌리다
астроном [명] 천문학자	капитанский мостик 선교

내가 6살이나 6.5살이었을 때 나는 내가 커서 무엇이 될지 전혀 몰랐다. 내 주변에 있는 사람들 모두 너무 마음에 들었고, 직업도 모두 좋았다. 그러자 머릿속이 너무 혼란스러워서 조금 당황했고, 도무지 내가 어떤 일을 시작해야 할지 정할 수가 없었다.

밤마다 잠도 안 자고 망원경으로 멀리 떨어진 별들을 관찰하는 천문학자가 되고 싶다가도 두 다리를 벌린 채로 선교에 서서 멀리 떨어진 싱가폴을 방문해서 그곳에서 우스꽝스러운 원숭이 한 마리를 사고 싶어서 선장이 되는 꿈도 꿨다. 때로는 전동차 기관사나 역장이 되어서 기관사나 역장용 빨간색 모자를 쓰고 굵은 목소리로 소리지르고 싶은 욕구가 치솟기도 했다.

- 출-바-알!

забавный [형] 우스꽝스러운
обезьянка [명] 원숭이
до смерти 엄청, 굉장히
превратиться в+대격: ~로 변하다
фуражка [명] (기관사나 역장용 챙이 달린) 모자

이야기해 볼까요?

- 6.5는 러시아어로는 '절반과 함께 있는 6' 즉, шесть с половиной 라고 표현합니다. 같은 맥락에서 7.5는 семь с половиной가 됩니다.
- какой-то는 꼭 집어서 말하기는 어렵지만 '무언가 ...한 느낌이 있는'이란 의미를 나타냅니다.
- никак не (могу, мог...)는 '(아무리 노력해도) ...할 수(없다, 없었다...)등'의 의미를 나타냅니다.
- 누군가의 변덕을 나타낼 때 то..., а то ..., а то...를 사용하는데 '...라고 했다가, ...라고 했다가, ...라고 하는 등 (생각이나 바람이 자주 바뀌었다)'으로 해석됩니다.

Или у меня разгорался аппетит выучиться на такого художника, который рисует на уличном асфальте белые полоски для мчащихся машин. А то мне казалось, что неплохо бы стать отважным путешественником вроде Алена Бомбара и переплыть все океаны на утлом челноке, питаясь одной только сырой рыбой. Правда, этот Бомбар после своего путешествия похудел на двадцать пять килограммов, а я всего-то весил двадцать шесть, так что выходило, что если я тоже поплыву, как он, то мне худеть будет совершенно некуда, я буду весить в конце путешествия только одно кило. А вдруг я где-нибудь не поймаю одну-другую рыбину и похудею чуть побольше? Тогда я, наверно, просто растаю в воздухе как дым, вот и все дела.

단어 및 표현

разгораться [불완] (바람 등이) 강렬해지다

аппетит [명] 바람

выучиться на+대격: ~가 되려고 배우다

полоска [명] 긴 선, (바퀴 등으로 만들어진) 길고 좁은 흔적, 자국

мчащийся [형동사](⇐ мчаться) 달리는

отважный [형] 두려움을 모르는, 용감한

переплыть [완] 횡단하다

утлый [형] 견고하지 못한

челнок [명] 작은 보트

питаться+조격: ~를 먹다

сырой [형] 익히지 않은

похудеть [완] 살이 빠지다

путешествие [명] 여행

один-другой 차례대로

рыбина [명] 커다란 물고기 한 마리

растаять [완] (액체 등이) 녹다, 사라지다

воздух [명] 공기

혹은 도로의 아스팔트 위에 달리는 자동차들을 위해 흰 색 선을 긋는 그런 화가가 되는 공부를 하고 싶은 강렬한 욕구가 생기기도 했다. 또는 알렝 봉바르처럼 용감한 여행가가 되어서 날 생선만 먹으며 쪽배를 타고 모든 대양을 횡단하는 것도 나쁘지 않을 것 같았다. 물론 이 봉바르는 항해를 한 후에 25kg이나 살이 빠졌는데, 내 몸무게는 고작 26kg이니 만약 내가 그처럼 항해를 한다면 나는 여행이 끝날 무렵에 고작 1kg 밖에 나가지 않을 것이다. 하지만 내가 바다 한가운데에서 큰 물고기를 못 잡아서 살이 더 빠진다면? 그렇다면 나는 연기처럼 공기 중에 녹아 없어질 것이다.

이야기해 볼까요?

- похудеть на сколько?
  살이 얼마나 빠졌는지는 на+'숫자의 대격'으로 표현할 수 있습니다.

- всего-то, всего, лишь는 '고작, 겨우'라는 뜻을 나타내며 동의어입니다.

- 여격+некуда…
  원래 'некуда'의 의미는 '갈 데가 없다'이지만, 본문에서는 '더 이상 뺄 데가 없다'라는 의미로 쓰입니다.

- и все дела의 의미는 '물론이다 혹은 이것이 전부이다'라는 의미로 쓰이며 본문에서는 '일이 이런 식으로 된다'라는 의미로 쓰였습니다.

Когда я все это подсчитал, то решил отказаться от этой затеи, а на другой день мне уже приспичило стать боксером, потому что я увидел в телевизоре розыгрыш первенства Европы по боксу. Как они молотили друг друга – просто ужас какой-то! А потом показали их тренировку, и тут они колотили уже тяжелую кожаную «грушу» – такой продолговатый тяжелый мяч, по нему надо бить изо всех сил, лупить что есть мочи, чтобы развивать в себе силу удара. И я так нагляделся на все на это, что тоже решил стать самым сильным человеком во дворе, чтобы всех побивать, в случае чего.

Я сказал папе:

– Папа, купи мне грушу!

– Сейчас январь, груш нет. Съешь пока морковку.

단어 및 표현

подсчитать [완] 계산해서 결론을 내리다

затея [명] (보통 이루기 힘든) 계획

отказаться от+생격: ~를 거부하다, ~을 안 하기로 마음먹다

приспичить [완] (속어) 급하게 필요하다

розыгрыш первенства 선수권 대회

бокс [명] 복싱

молотить [불완](구어체) 때리다

колотить [불완] 때리다, 치다

продолговатый [형] (폭보다) 길이가 긴

бить [불완] 때리다, 치다

лупить [불완] (속어) 세게 때리다, 패다

наглядеться на+대격: ~을 여러 번 보다

в случае чего 만약 위험하거나 불편한 상황이 발생한다면

이 모든 것을 계산하고나서 나는 여행가가 되고 싶은 마음이 없어졌고, 다음 날 나는 어서 속히 복싱 선수가 되고 싶었는데, 그 이유는 TV에서 유럽 복싱 선수권 대회 경기를 봤기 때문이다. 서로를 얼마나 세게 때리는지 정말이지 너무 끔찍했다. 그런 다음에는 그들이 훈련하는 모습을 보여줬다. 거기에서 그들은 무거운 샌드백을 주먹으로 내리쳤는데, 샌드백은 무척 길고 무거워 보였고, 그들은 펀치 힘을 키우기 위해 샌드백을 있는 힘껏 때리고, 힘 닿는 데까지 가격해야 했다. 이 모든 것을 실컷 본 후에 나도 우리 아파트 마당에 있는 아이들이 나를 괴롭히면 그 아이들을 패줄 수 있게 우리 아파트 마당에서 가장 강한 사람이 되기로 결심했다.

　나는 아빠한테 말했다.

　- 아빠, 저 '배' 하나만 사주세요.

　- 지금은 1월이라 배가 없어. 당분간 당근을 먹으렴.

이야기해 볼까요?

- 샌드백은 러시아어로 'груша'라고 합니다. 샌드백의 모양이 러시아나 유럽의 (먹는) 배 모양을 닮았기 때문이죠. 따라서 груша는 1) 먹는 배 2) 샌드백이라는 두 가지 의미를 갖습니다.
- изо всех сил, что есть мочи 모두 '굉장히 강하게'라는 의미를 나타낼 때는 동의어로 사용됩니다.
- 본문에서는 'молотить', 'колотить', 'лупить' 모두 동의어로 쓰였습니다.

Я рассмеялся:

– Нет, папа, не такую! Не съедобную грушу! Ты, пожалуйста, купи мне обыкновенную кожаную боксерскую грушу!

– А тебе зачем? – сказал папа.

– Тренироваться, – сказал я. – Потому что я буду боксером и буду всех побивать. Купи, а?

– Сколько же стоит такая груша? – поинтересовался папа.

– Пустяки какие-нибудь, – сказал я. – Рублей десять или пятьдесят.

– Ты спятил, братец, – сказал папа. – Перебейся как-нибудь без груши. Ничего с тобой не случится.

И он оделся и пошел на работу.

단어 및 표현

рассмеяться [완] 큰 소리로 웃기 시작하다

съедобный [형] 식용의

обыкновенный [형] 흔한

кожаный [형] 가죽의

боксёрская груша 샌드백

тренироваться [불완] 훈련하다

поинтересоваться [완] ~에 관심을 보이다

пустяки [명] (구어체) 얼마 안 한다

спятить [완] (속어) 미치다

братец [명] 청년, 소년을 다정하게 부르는 호칭

перебиться [완] (구어체) ~없이 견뎌보다

одеться [완] 옷을 입다

나는 큰 소리로 웃으면서 말했다.

- 아니요, 아빠, 그런 '배' 말구요. 못 먹는 배요! 그러니까 가죽으로 된 평범한 샌드백 하나만 사주세요.

아빠가 말했다.

- 그건 뭐하게?

- 연습하려구요. 복싱 선수가 돼서 애들을 죄다 패주려구요. 사주세요, 네?

아빠가 관심을 보이며 물었다.

- 그런 샌드백은 얼마나 하는데?

내가 말했다.

- 얼마 안 할거예요. 10루블이나 한 50루블쯤 할라나?

- 얘야, 너 미쳤구나. 어떻게든 샌드백 없이 버텨보렴. 넌 할 수 있을 게다.

그리고 그는 옷을 입고 회사에 출근했다.

이야기해 볼까요?

- а가 접속사 외에 소사로도 쓰일수 있는데 제안한 내용에 대한 답변을 재촉할 때 쓰입니다.
- 본문에서 какой-нибудь는 구어체에서 '미미한, 신경쓸 필요 없는'이라는 의미로 쓰였습니다.
- десять рублей와 рублей десять의 차이점?
  전자는 10루블이고, 후자처럼 순서를 바꾸면 대략 10루블이란 의미입니다.

А я на него обиделся за то, что он мне так со смехом отказал. И мама сразу же заметила, что я обиделся, и тотчас сказала:

– Стой-ка, я, кажется, что-то придумала. Ну-ка, ну-ка, погоди-ка одну минуточку.

И она наклонилась и вытащила из-под дивана большую плетеную корзинку; в ней были сложены старые игрушки, в которые я уже не играл. Потому что я уже вырос и осенью мне должны были купить школьную форму и картуз с блестящим козырьком.

단어 및 표현

обидеться на+대격: ~에게 서운하다

со смехом (소리내어) 웃으면서

тотчас [부] 즉시, 당장

погоди-ка (잠깐만) 기다려봐

наклониться [불완] 상체를 숙이다

вытащить [완] ~을 꺼내다

из-под [전] ~밑으로부터

плетёный [형] 땋은, 꼬아서 만든

корзинка [명] (구어체) 바구니

сложены(⇐ сложить로 만든 피동형동사 과거 단어미형) 차곡차곡 넣어두었다

игрушка [명] 장난감

вырасти [완] 성장하다, 자라다

школьная форма   교복

картуз [명] 챙이 달린 모자

блестящий [형] 반짝이는

козырёк [명] (모자의)챙

그런데 나는 아빠가 웃으면서 거절한 것 때문에 마음이 상했다. 그러자 엄마가 내 기분을 바로 알아차리고 말했다.

- 잠깐, 나한테 좋은 생각이 있어. 어디보자, 자, 잠깐만 기다려봐.

그리고 엄마는 허리를 숙이고 소파 밑에서 나뭇 가지 등을 엮어서 만든 커다란 바구니를 꺼냈는데, 그 안에는 내가 더 이상 갖고 놀지 않는 오래된 장난감들이 들어있었다. 나는 이제 커서 가을이면 부모님이 나에게 학교 교복과 반짝이는 챙이 달린 모자를 사주실 예정이기 때문이다.

이야기해 볼까요?

- Погоди-ка одну минуточку. 는 구어체로 '잠깐만 기다려봐.'라는 의미로 쓰였습니다.
- -ка 라는 소사는 동사 명령형 뒤에 붙이면 다소 부드러운 명령을 만들거나 부탁을 나타내며 전반적으로 더 친근함을 표현하고자 할 때 쓰입니다.

Мама стала копаться в этой корзинке, и, пока она копалась, я видел мой старый трамвайчик без колес и на веревочке, пластмассовую дудку, помятый волчок, одну стрелу с резиновой нашлепкой, обрывок паруса от лодки, и несколько погремушек, и много еще разного игрушечного утиля. И вдруг мама достала со дна корзинки здоровущего плюшевого Мишку.

Она бросила его мне на диван и сказала:

– Вот. Это тот самый, что тебе тетя Мила подарила. Тебе тогда два года исполнилось. Хороший Мишка, отличный. Погляди, какой тугой! Живот какой толстый! Ишь как выкатил! Чем не груша? Еще лучше! И покупать не надо! Давай тренируйся сколько душе угодно! Начинай!

단어 및 표현

копаться [불완] 뒤지다	резиновый [형] 고무로 된
трамвайчик [명] 전차 장난감	нашлёпка [명] ~에 붙인 것
колёса [명](⇐ колесо) 바퀴들	обрывок [명] 뜯겨진 조각
верёвочка [명] 길지 않고 가는 끈	парус [명] 돛
пластмассовая дудка 플라스틱 피리	лодка [명] 보트
помятый [형](⇐ помять의 피동형동사 과거형) 구겨진	погремушка [명] 딸랑이
	утиль [명][남] 쓸모없는 물건
волчок [명] 늑대 인형	здоровущий [속어][형] 굉장히 큰
стрела [명] 화살	плюшевый [형] 플러시 천

엄마는 이 바구니를 뒤지기 시작했고, 엄마가 바구니를 뒤지는 동안 나는 바퀴 빠진 오래된 전차 자동차와 끈 달린 플라스틱 피리, 구겨진 작은 늑대 인형, 끝에 고무가 달린 다트용 화살 하나, 보트에서 떨어져 나온 돛의 일부와 딸랑이 몇 개와 쓸모없는 다양한 장난감을 봤다. 그러던 중 엄마가 갑자기 바구니 바닥에 있는 커다란 곰인형을 꺼냈다.
　엄마는 내가 앉아있는 소파로 그걸 던지며 말했다.
　- 자. 이건 밀라 이모가 너한테 선물한 바로 그 곰인형이야. 그때 네 나이가 2살이었지. 좋은 곰인형이야, 아니 아주 좋은 곰인형이지. 얼마나 팽팽한지 보렴! 배는 또 얼마나 뚱뚱한지! 진짜 빨리 찾았다! 샌드백으로 딱인 걸? 아니 샌드백보다 나아! 따로 안 사도 되고! 이걸로 네가 원하는 만큼 연습하렴! 어서 시작해!

| Мишка [명] 곰인형 | тугой [형] 팽팽한 | чем не 제격이다 |
| тот самый 다름아닌 | выкатить [완] 빨리 나오다 | |

이야기해 볼까요?

- '~의 나이가 몇 살이다'를 말하고 싶을 때 사용하는 동사를 알아볼까요?
  나이를 표현할 때는 исполниться라는 동사를 사용하며, 여격 주체를 사용하고 '~살'(год, года, лет)을 사용하면 '~의 나이가 ...살이다'를 나타냅니다.

- ишь как은 놀람이나 불만, 노여움 등을 나타냅니다. 따라서 Ишь как выкатил!은 '정말 빨리 찾았다' 즉, 놀람을 표현합니다.

- сколько душе угодно에서 сколько угодно는 '얼마든지'이며, душа는 마음이므로 'Сколько душе угодно'는 '마음이 원하는 대로' 즉, '얼마든지 하고 싶은 만큼'의 의미를 나타냅니다.

И тут ее позвали к телефону, и она вышла в коридор.

А я очень обрадовался, что мама так здорово придумала. И я устроил Мишку поудобнее на диване, чтобы мне сподручней было об него тренироваться и развивать силу удара.

Он сидел передо мной такой шоколадный, но здорово облезлый, и у него были разные глаза: один его собственный – желтый стеклянный, а другой большой белый – из пуговицы от наволочки; я даже не помнил, когда он появился. Но это было не важно, потому что Мишка довольно весело смотрел на меня своими разными глазами, и он расставил ноги и выпятил мне навстречу живот, а обе руки поднял кверху, как будто шутил, что вот он уже заранее сдается…

단어 및 표현

коридор [명] 복도	собственный [형] 자기자신의
обрадоваться [완] 기뻐하다	стеклянный [형] 유리의
здорово [부] 아주 멋지게	пуговица [명] 단추
придумать [완] 고안하다	наволочка [명] 베개 커버
устроить [완] 자리를 잡다	разный [형] 다양한
сподручный [형] 편한, 적합한	выпятить [완] 앞으로 내밀다
развивать [불완] 키우다, 발전시키다	навстречу [전] ~를 마주 보고
сила удара 펀치 힘	поднять [완] ~를 들다
шоколадный [형] 갈색의	кверху [부] 땅에서 위로
облезлый [형] 털이 많이 빠진	сдаваться [불완] 항복하다

이때 누군가가 엄마에게 전화받으라고 했고, 엄마는 복도로 나갔다.

나는 엄마가 무척 좋은 생각을 했다는 사실로 인해 굉장히 기뻤다. 그래서 나는 인형을 때리면서 펀치 힘을 키우기 더 좋은 자세로 곰인형을 소파 위에 놓았다.

곰은 진한 초콜릿 색상을 띠고 있었지만 털이 많이 빠진 채로 내 앞에 앉아있었고, 서로 다른 눈을 갖고 있었는데 한쪽 눈은 원래 곰인형에 박혀있던 유리로 만든 노락색 눈이었고, 다른 한쪽 눈은 베갯잇에 달려있던 단추로 만든 커다란 흰 색 눈이었는데 나는 그 흰색 눈이 언제 생겼는지 기억조차 나지 않았다. 하지만 중요한 것은 곰인형이 색깔과 재질이 서로 다른 두 눈으로 상당히 즐거운 표정을 지으며 나를 보고 있었고, 두 다리는 벌리고 나를 보며 배를 앞으로 내밀고 있었으며, 두 팔은 마치 장난이지만 미리 항복하겠다는 듯 두 팔을 위로 들고 있었다...

이야기해 볼까요?

- зд´орово 와 здор´ово는 어떻게 다를까요?

  1) зд´орово는 부사로 '아주 좋다'라는 뜻을 나타냅니다. 즉, 'очень хорошо' 대신 사용하시면 되지만, 구어체에서 자주 쓰이니 친한 사이에 대화를 할 때 사용하시면 됩니다.

  2) здор´ово는 친한 사이에 만났을 때 Здравствуй 대신 하는 인사말입니다.

- 다양한 색상과 관련된 형용사를 알아볼까요?

  красный 빨간   оранжевый 주황색의   жёлтый 노란

  зелёный 초록색의   голубой 하늘색의   синий 파란   фиолетовый 보라색의

  чёрный 검은   белый 흰   розовый 분홍색의   серый 회색의

И я вот так посмотрел на него и вдруг вспомнил, как давным-давно я с этим Мишкой ни на минуту не расставался, повсюду таскал его за собой, и нянькал его, и сажал его за стол рядом с собой обедать, и кормил его с ложки манной кашей, и у него такая забавная мордочка становилась, когда я его чем-нибудь перемазывал, хоть той же кашей или вареньем, такая забавная милая мордочка становилась у него тогда, прямо как живая, и я его спать с собой укладывал, и укачивал его, как маленького братишку, и шептал ему разные сказки прямо в его бархатные твёрденькие ушки, и я его любил тогда, любил всей душой, я за него тогда жизнь бы отдал. И вот он сидит сейчас на диване, мой бывший самый лучший друг, настоящий друг детства. Вот он сидит, смеётся разными глазами, а я хочу тренировать об него силу удара…

단어 및 표현

вспомнить [완] 떠올리다

давным-давно [부] 아주 오래전에

расставаться [불완] 헤어지다

повсюду [부] 어딜 가든

таскать [불완] 끌고 다니다

за собой 자기 뒤로

нянькать [불완][속] 아이를 돌보다

сажать [불완] ~를 앉히다

перемазывать [불완] 여러 군데에 묻히다

варенье [명] 잼

прямо [부] 꼭~ (같이)

укладывать [불완] 눕히다

укачивать [불완] (아기를) 흔들어서 재우다

бархатный [형] 벨벳 재질의, 부드러운

твёрденький [형] 다소 딱딱한

ушки(⇐ ушко) [명] 작은 귀들

всей душой 진심으로, 아주 강렬하게(원하다)

тренировать [불완] ~을 단련하다

    그리고 나는 인형을 보고 갑자기 아주 오래전에 인형과 잠시도 떨어지지 않고 어딜 가든지 끌고 다녔으며, 인형을 아이처럼 돌봤고, 점심을 먹으려고 내가 식탁 앞에 앉을 때도 내 옆에 앉히곤 숟가락으로 세몰리나 죽을 먹였으며, 내가 만약 세몰리나 죽이나 잼을 묻힐 때면 녀석은 무척 재미있는 표정을 지었는데 그 표정이 얼마나 사랑스럽고 재미있던지 꼭 살아있는 것 같아서 나는 잘 때도 옆에 눕혀서 재우고, 어린 남동생을 재우듯 안고 흔들어 재웠으며, 벨벳으로 만든 조금 단단한 귀에 대고 작은 목소리로 여러 가지 옛날이야기들을 했고, 그때 나는 인형을 온 맘을 다해 사랑해서 인형을 위해 내 목숨이라도 바칠 각오도 했었다는 사실이 떠올랐다. 그런데 과거에 나의 가장 좋은 친구이자 어린 시절 나의 진정한 벗이었던 그 인형이 지금은 소파 위에 앉아있다. 앉아서 서로 다른 색과 재질의 눈을 반짝이며 웃고 있고, 나는 인형을 때리면서 펀치 파워를 키우고 싶어하는 것이다…

настоящий [형] 진정한   отдать жизнь за+대격: '대격'을 위해 목숨을 바치다

이야기해 볼까요?

- **ни на минуту не …**
  '잠시도 …하지 않다'는 것을 나타내며, 본문에서는 расставаться(헤어지다)라는 동사를 써서 '잠시도 헤어지지 않는다'라는 의미를 나타냈습니다.

- **얼굴? 면상?**
  일반적으로 '얼굴'은 лицо이지만, 만약 동물의 '얼굴'(한국어에서는 동물의 머리를 대가리라고 표현합니다.)은 морда라고 표현하며, 사람의 경우 '낯짝'을 나타내기도 합니다. 본문에 쓰인 мордочка의 경우 '동물의 얼굴'에 대한 구어체이면서 여성이나 아이의 얼굴을 나타내며 '상판대기'로 해석이 가능합니다.

– Ты что, – сказала мама, она уже вернулась из коридора. – Что с тобой?

А я не знал, что со мной, я долго молчал и отвернулся от мамы, чтобы она по голосу или по губам не догадалась, что со мной, и я задрал голову к потолку, чтобы слезы вкатились обратно, и потом, когда я скрепился немного, я сказал:

– Ты о чем, мама? Со мной ничего… Просто я раздумал. Просто я никогда не буду боксером.

단어 및 표현

вернуться [완] 돌아오다

отвернуться от+생격: ~로부터 돌아서다

задрать [완] ~을 위로 들다

голова [명] 머리

потолок [명] 천장

вкатиться [완] 굴러 들어가다

обратно [부] 원래 있던 곳으로

скрепиться [완] 진정하다

раздумать [완] 생각을 바꾸다, 하려던 것을 안 하다

просто [부] 그냥, 다만, 단지

벌써 복도에 나갔다가 돌아온 엄마가 말했다.

- 너 왜 그러니? 무슨 일이야?

나도 영문을 모른채 엄마가 목소리나 입술로 내 감정을 눈치채지 않도록 엄마한테 등을 돌리고 서서 눈물이 다시 왔던 곳으로 다시 흘러들어가도록 하기 위해 고개를 들어 천장을 향하게 하고 조금 진정되자 엄마한테 말했다.

- 무슨 말씀 하시는 거예요, 엄마? 저 괜찮아요... 그냥 생각이 바뀌었어요. 그냥 복싱 선수 안 하고 싶어졌어요.

MEMO

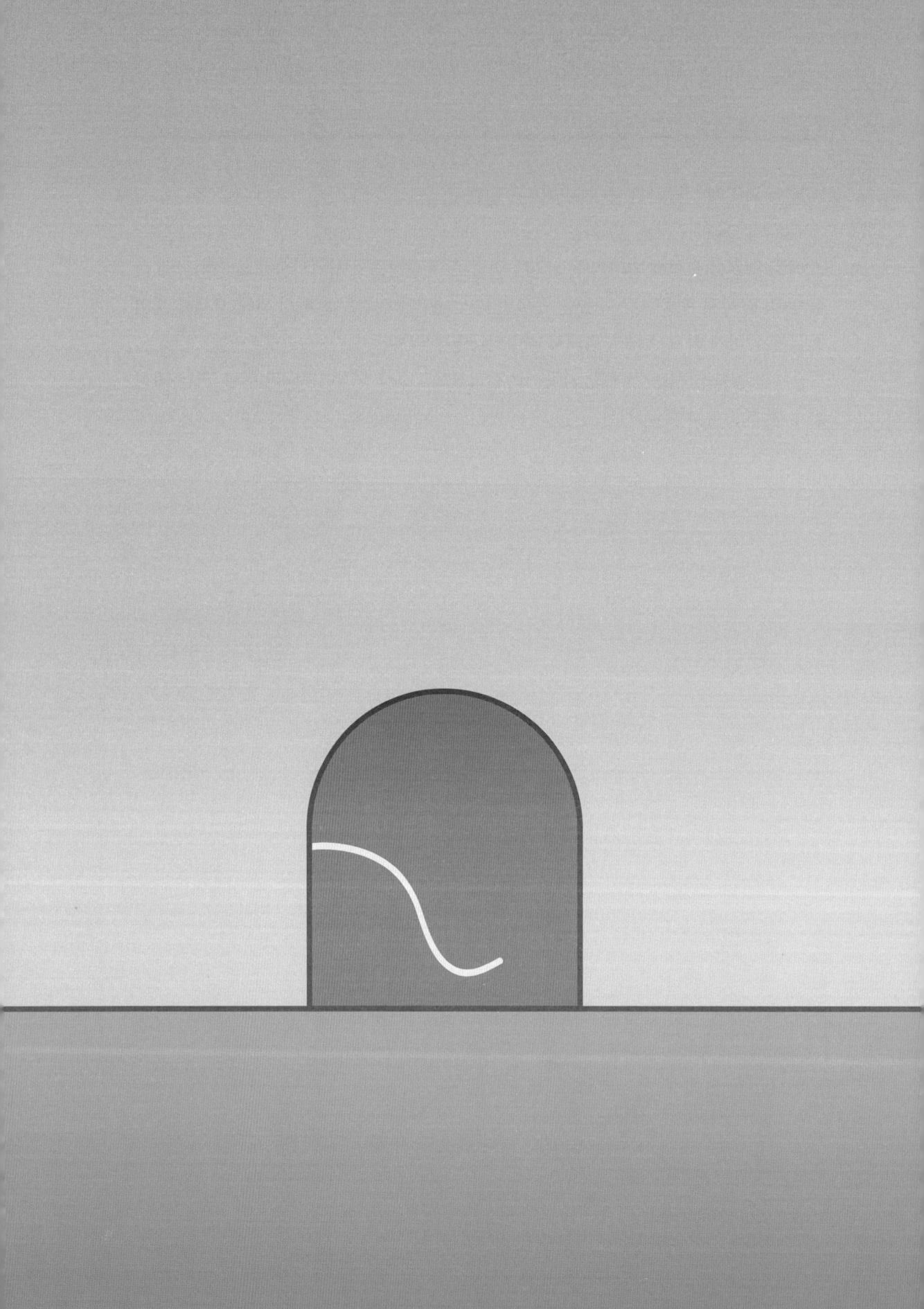

다섯 번째 이야기
아무것도 바꾸면 안돼요!
Ничего изменить нельзя

Я давно уже заметил, что взрослые задают маленьким очень глупые вопросы. Они как будто сговорились. Получается так, словно они все выучили одинаковые вопросы и задают их всем ребятам подряд. Я так к этому делу привык, что наперед знаю, как все произойдет, если я познакомлюсь с каким-нибудь взрослым. Это будет так.

Вот раздастся звонок, мама откроет дверь, кто-то будет долго гудеть что-то непонятное, потом в комнату войдет новый взрослый. Он будет потирать руки. Потом уши, потом очки. Когда он их наденет, то увидит меня, и хотя он давным-давно знает, что я живу на этом свете, и прекрасно знает, как меня зовут, он все-таки схватит меня за плечи, сожмет их довольно-таки больно, притянет меня к себе и скажет:

«Ну, Денис, как тебя зовут?»

단어 및 표현

взрослый [명] 어른	наперёд [부] 미리, 먼저 (알다)
задавать вопрос 질문을 하다	раздаться [완] (소리가) 들리다
глупый [형] 어리석은	звонок [명] 초인종 소리
сговориться [완] 약속하다	гудеть [불완] 웅웅거리다
словно [접] 마치 …인 것처럼	потирать [불완] (손 등을) 잠시 닦다, 문지르다
выучить [완] 외우다	довольно-таки 상당히, 꽤
одинаковый [형] 똑같은	притянуть [완] 잡아당기다
привыкнуть [완] к+여격: 익숙하다	

나는 이미 오래전부터 어른들이 어린 아이들에게 굉장히 어리석은 질문을 한다는 사실을 깨달았다. 마치 서로 약속이라도 한 것 같았다. 마치 그들 모두 똑 같은 질문을 외운 후에 모든 아이들에게 그 질문들을 하는 것 같다. 나는 이런 일에 너무 익숙해서 내가 어떤 어른을 처음 만나면 어떤 일이 생길지 전부 미리 알고 있을 정도이다. 이를테면 이런 식이다.

초인종 소리가 들리면 엄마는 문을 열고, 누군가 오랫동안 알아들을 수 없는 말을 웅얼거릴 거고, 그런 후에야 새로운 어른은 방 안에 들어올 것이다. 그는 손을 문지를 것이다. 그 후에는 귀를 문지르고 그런 다음에는 안경을 닦을 것이다. 그런 그가 안경을 쓰면 나를 발견할 것인데, 내가 이 세상에 살고 있다는 것을 오래전부터 알고 있고 내 이름도 너무 잘 알고 있지만 그래도 그는 내 어깨를 잡고 꽤 아프게 누른 후에 나를 자기 쪽으로 끌어당기곤 말할 것이다.

- 자, 데니스, 네 이름이 뭐니?

이야기해 볼까요?

- '한 명도(혹은 하나도) 빠짐없이 모두'라는 의미를 사용할 때 подряд라는 부사를 사용합니다.

Он читал всё подряд. 그는 하나도 빠짐없이 모두 읽었다.

사실 이 부사의 첫번째 의미는 '연속으로, 쉬지 않고'라는 의미여서 아래와 같은 문장에서 자주 볼 수 있습니다.

Я спал одиннадцать часов подряд. 나는 11시간 동안 깨지 않고 잠을 잤다.

이 문장의 경우 '연속'이란 '깨지 않음'을 나타내는 것입니다

Конечно, если бы я был невежливый человек, я бы ему сказал:

«Сами знаете! Ведь вы только сейчас назвали меня по имени, зачем же вы несете несуразицу?»

Но я вежливый. Поэтому я притворюсь, что не расслышал ничего такого, я просто криво улыбнусь и, отведя в сторону глаза, отвечу:

«Денисом».

Он с ходу спросит дальше:

«А сколько тебе лет?»

Как будто не видит, что мне не тридцать и даже не сорок! Ведь видит же, какого я роста, и, значит, должен понять, что мне самое большее семь, ну восемь от силы, — зачем же тогда спрашивать? Но у него свои, взрослые взгляды и привычки, и он продолжает приставать:

단어 및 표현

вежливый [형] 예의바른	рост [명] 키
притвориться [완] ~인 척하다	взгляд [명] 시선, 견해
расслышать [완] 잘 듣다	привычка [명] 습관
криво улыбнуться 조소하다	приставать [불완] 귀찮게 하다
отвести глаза 시선을 돌리다	
с ходу 즉시	

물론 내가 무례한 사람이었다면 이렇게 말했을 것이다.

- 제 이름 아시잖아요! 방금 제 이름을 불러놓고 왜 그렇게 멍청한 질문을 하시는 거죠?

하지만 나는 예의 바른 사람이다. 그래서 나는 내 이름 따윈 들은 적 없는 척하고 다만 입을 삐죽거리며 시선을 다른 쪽에 두고 대답할 것이다.

- 데니스입니다.

그러면 그는 즉시 다음 질문을 할 것이다.

- 그럼 나이는 몇 살이니?

마치 내 나이가 서른도 아니고 마흔도 아니라는 것을 모르는 것처럼 말이다! 사실 그는 내 키를 두 눈으로 보고 있기 때문에 내가 아무리 많이 잡아도 7살을 넘지 않고, 정말 많이 잡았을 때 8살이라는 것을 이해할 수 있기 때문에 이런 질문을 하는 이유를 알 수 없다. 하지만 어른들에겐 어른들만의 견해와 습관이 있어서 그는 계속해서 나를 귀찮게 한다.

이야기해 볼까요?

- нести несуразицу는 '쓸데없는 말을 하다, 멍청한 말을 하다'라는 의미입니다.
- самое большее는 '(나이 등을) 아무리 많이 잡아도 ~를 넘지 않는다'라는 의미를 나타냅니다. 유용한 표현이니 알아두시면 좋겠습니다.
- от силы도 'самое большее'의 동의어로 같은 의미로 사용하시면 됩니다. 러시아어에서는 동의어를 사용하여 앞에 언급된 단어나 표현 등을 반복하지 않는 경향이 있습니다. 따라서 동의어를 많이 알아두시면 러시아어로 대화하시는 데 있어서 많은 도움이 됩니다.

«А? Сколько же тебе лет? А?»

Я ему скажу:

«Семь с половиной».

Тут он расширит глаза и схватится за голову, как будто я сообщил, что мне вчера стукнуло сто шестьдесят один. Он прямо застонет, словно у него три зуба болят:

«Ой-ой-ой! Семь с половиной! Ой-ой-ой!»

Но чтобы я не заплакал от жалости к нему и понял, что это шутка, он перестанет стонать. Он двумя пальцами довольно-таки больно ткнет меня в живот и бодро воскликнет:

«Скоро в армию! А?»

단어 및 표현

расширить глаза 눈을 크게 뜨다	шутка [명] 농담
схватиться за+대격: 낚아채다	перестать [완] 중단하다
голова [명] 머리	ткнуть [완] (손가락 등으로) 찌르다
стукнуть [완](구어체) (나이가)…살이 되다	бодро [부] 씩씩하게
прямо [강조 소사] 정말로, 완전히	воскликнуть [완] 감탄하다
заплакать [완] 울기 시작하다	

- 응? 몇 살이냐니깐? 응?

(그러면) 나는 그에게 말할것이다.

- 7살 반입니다.

그러면 그는 마치 어제 내 나이가 161세가 되었다는 사실을 듣기라도 한 것처럼 눈을 크게 뜨고 두 손으로 머리를 움켜쥔다. 그리곤 마치 치아 3개가 아프기라도 한 것처럼 신음하기 시작한다.

- 이런, 이런, 이런! 7살 반이라고? 이런, 이런, 이런!

하지만 그가 딱한 나머지 내가 울지 않고 이것이 농담이라는 것을 알 수 있도록 하기 위해 그는 신음하는 것을 멈춘다. 그리곤 손가락 두 개로 꽤 아프게 내 배를 찌르고는 씩씩하게 소리지를것이다.

- 곧 군대 가야겠구나! 응?

이야기해 볼까요?

- **7.5, 8.5, 9.5...**
러시아어로 7.5는 본문과 같이 семь с половиной, 8.5는 같은 논리로 восемь с половиной, 9.5 역시 девять с половиной가 됩니다.

- **감정 표현...**
'딱해서'는 본문에서처럼 от жалости이며, '속상해서'는 от обиды가 되고, '행복해서'는 от счастья이고, '슬퍼서'는 от горя가 됩니다. 자주 쓰이는 표현이니 기억해두세요~

А потом вернется к началу игры и скажет маме с папой, покачивая головой:

«Что делается, что делается! Семь с половиной! Уже! — И, обернувшись ко мне, добавит: — А я тебя вот такусеньким знал!»

И он отмерит в воздухе сантиметров двадцать. Это в то время, когда я точно знаю, что во мне был пятьдесят один сантиметр в длину. У мамы даже такой документ есть. Официальный. Ну, на этого взрослого я не обижаюсь. Все они такие. Вот и сейчас я твердо знаю, что ему положено задуматься. И он задумается. Железно. Он повесит голову на грудь, словно заснул. А тут я начну потихоньку вырываться из его рук. Но не тут-то было. Просто взрослый вспомнит, какие там у него еще вопросы завалялись в кармане, он их вспомнит и наконец, радостно улыбаясь, спросит:

단어 및 표현

начало [명] 시작	документ [명] 서류
игра [명] 게임	официальный [형] 공식적인
покачивать головой 고개를 내젓다	обижаться на+대격: ~에게 서운해하다
обернуться к+여격: ~쪽으로 돌아보다	железно [부] 강하게, 견고하게
добавить [완] 덧붙여 말하다	задуматься [완] 사색에 잠기다
такусенький [형](구어체) 조막만한	повесить голову 고개를 떨구다
отмерить [완] 재서 표시하다, 나타내다	потихоньку [부] 몰래
точно [부] 정확하게	вырываться из+생격: 빠져나오다

그런 후에 다시 게임의 시작 부분으로 돌아와서 고개를 흔들면서 엄마 아빠한테 말할 것이다.

- 맙소사, 이런! 7살 반이라니! 벌써 이렇게 되었나?

그리곤 내 쪽으로 몸을 돌려서 한 마디 더 보탤 것이다.

- 난 네가 이렇게 어릴 때부터 알았거든!

그는 이 말을 하고 공중에 대고 20센티미터를 가늠한다. 사실 이때는 내 키가 51센티미터였을 때이다. 엄마한테는 심지어 이걸 확인할 수 있는 서류도 있다. 공식적인 서류 말이다. 뭐, 그렇다고 이 말을 한 어른한테 서운해하지는 않는다. 어른들은 다 이런 식이니까. 이제 그는 곰곰히 생각할 것이다. 그리고 그는 (정말로) 생각에 잠긴다. 그것도 아주 깊히 말이다. 그는 마치 잠든 것처럼 고개를 가슴에 늘어뜨린다. 이때 나는 조용히 그의 손에서 벗어나려고 노력한다. 하지만 공연한 짓이다. 어른은 그의 주머니 속에 어떤 질문이 더 있는지 기억해내고 싶을 뿐이고, 생각이 나면 드디어 기쁨의 미소를 지으며 질문할 것이다.

> заваляться [완] 오랫동안 방치하다

이야기해 볼까요?

- положено는 구어체로 'надо, нужно'의 동의어입니다. 따라서 '~해야 한다'라는 의미로 사용됩니다.
- спать, заснуть, ложиться спать дремать 의 차이를 살펴볼까요?
  '자다'는 спать, '잠들다'는 заснуть, '잠자리에 들다'(자려고 눕다)는 ложиться спать, '졸다'는 дремать를 사용합니다.
- не тут-то было는 구어체로 '공연한 짓이다. 소용 없다'라는 의미를 나타냅니다.

«Ах да! А кем ты будешь? А? Кем ты хочешь быть?»

Я-то, честно говоря, хочу заняться спелеологией, но я понимаю, что новому взрослому это будет скучно, непонятно, это ему будет непривычно, и, чтобы не сбивать его с толку, я ему отвечу:

«Я хочу быть мороженщиком. У него всегда мороженого сколько хочешь».

Лицо нового взрослого сразу посветлеет. Все в порядке, все идет так, как ему хотелось, без отклонений от нормы. Поэтому он хлопнет меня по спине (довольно-таки больно) и снисходительно скажет:

«Правильно! Так держать! Молодец!»

단어 및 표현

честно говоря 솔직히 말해서	мороженщик [명] 아이스크림 판매원
спелеология [명] 동굴학	посветлеть [완] 더 밝아지다
скучно [부] 지루하다	хлопнуть по+여격: ~를 한 번 때리다
непривычно [부] 낯설다, 익숙하지 않다	снисходительно [부] 관대하게
сбивать с толку 헷갈리게 만들다	

- 맞다! 너는 커서 뭐가 되고 싶니? 응? 장래 희망이 뭐지?

나로 말할 것 같으면 솔직히 동굴학을 연구하고 싶지만 새로 만난 어른한테 이 말을 하면 지루해할 것이고, 이해하지 못할 것이며, 익숙하지 않을 것이라는 것을 알기 때문에 그가 당황하지 않도록 하기 위해 나는 그에게 이렇게 대답할 것이다.

- 저는 아이스크림을 파는 사람이 되고 싶습니다. 그 사람한테 가면 늘 아이스크림이 많거든요.

그러면 새로 만난 어른의 얼굴이 그 즉시 밝아진다. 모든 것이 제대로 돌아가고 있으며, 모든 것이 그가 원하는 규칙에서 벗어나지 않았다고 생각하게 된다. 그래서 그는 내 등을 찰싹 때리고 (그는 내 등을 상당히 세게 때린다) 너그러운 목소리로 말할 것이다.

- 좋아! 계속 그렇게 하도록! 잘하고있어!

이야기해 볼까요?

- **я-то와 я의 차이**

  구어체에서는 인칭대명사에 접미사 -то 붙일 수 있고, 본문에서는 '나로 말할 것 같으면, 나야... (이렇지)'의 의미로 사용되었습니다.

- **сколько хочешь (원하는만큼)**

  이 표현은 бери, сколько хочешь (갖고 싶은 만큼 가져), 혹은 ешь, сколько хочешь(먹고 싶은 만큼 먹어) 등과 같이 사용되며, 빈도수가 높은 표현인 만큼 알아두시면 좋습니다.

- **так, как (ему хотелось)... 는 '(그가 원하는대로) 그렇게'를 나타냅니다.**

  중간에 쉼표 없이 так как를 쓸 경우는 이유를 나타내는 접속사(왜냐하면)로 사용됩니다.

И тут я по своей наивности думаю, что это уже все, конец, и начну немного посмелее отодвигаться от него, потому что мне некогда, у меня еще уроки не приготовлены и вообще тысяча дел, но он заметит эту мою попытку освободиться и подавит ее в корне, он зажмет меня ногами и закогтит руками, то есть, попросту говоря, он применит физическую силу, и, когда я устану и перестану трепыхаться, он задаст мне главный вопрос.

«А скажи-ка, друг ты мой… — скажет он, и коварство, как змея, проползет в его голосе, — скажи-ка, кого ты больше любишь? Папу пли маму?»

Бестактный вопрос. Тем более что задан он в присутствии обоих родителей. Придется ловчить. «Михаила Таля», — скажу я.

단어 및 표현

по наивности 순진해서	закогтить [완] 손발톱으로 꼭 잡다
посмелее 더 열심히	то есть 즉, 다시 말해서
отодвигаться от+생격: ~로부터 떨어지다	применить физическую силу 완력을 사용하다
попытка [명] 시도	
освободиться [완] 벗어나다	устать [완] 지치다, 피곤하다
подавить [완] 힘으로 누르다	трепыхаться [불완] 버둥거리다
в корне 완전히	коварство [완] 교활함
зажать [완] 움직이지 못하게 누르다	проползти [완] 기어서 지나가다

그리고 이때 나는 순진하게도 이제 다 끝났다고 조금 더 용기를 내서 그에게서 벗어나기 시작하리라 생각하는데, 그 이유는 아직 수업 준비가 안됐고, 꼭 공부가 아니어도 나한테는 해야 할 일이 천 개는 있지만 시간이 없기 때문이다. 그는 내가 그에게서 벗어나려는 시도를 눈치채고 나를 완전히 압박해서 두 다리로 내 몸을 감고 손톱으로 할퀴고, 쉽게 말해서 그는 완력을 사용하며 내가 버둥거리는 데 지치면 나에게 중요한 질문을 할 것이다.

- 얘야, 말해보렴. 자, 넌 누구를 더 사랑하니? 아빠 아니면 엄마?

그의 목소리에는 뱀 같은 교활함이 느껴진다.

난감한 질문이다. 게다가 그는 부모님 두 분이 모두 계신 상황에서 질문을 한 것이었다. 얘기를 잘 해야할 것이다.

- 미하일 탈[1]을 좋아해요.

1 미하일 탈(1936-1992) 러시아-라트비아의 체스 그랜드마스터이자 제 8대 월드 체스 챔피언이다.

бестактный [형] 난감한

тем более 게다가

в присутствии+생격: ~가 있는 데서

ловчить [불완] 현명하게 대처하다

이야기해 볼까요?

- приготовлены는 приготовить 동사의 피동형동사 과거 단어미형 (복수)으로 '준비되었다'라는 의미입니다.
- тысяча дел(할 일이 많다), море писем(편지를 많이 받았다)처럼 할 일이 많을 때는 할 일이 천 개는 된다고 표현하고, 편지를 많이 받을 때는 바다처럼 많이 받았다고 합니다.
- попросту говоря(간단하게 말해서), честно говоря(솔직히 말해서), откровенно говоря(톡 까놓고 말해서)라는 표현들은 자주 쓰이니 알아두시면 좋습니다.

Он захохочет. Его почему-то веселят такие кретинские ответы. Он повторит раз сто:

«Михаила Таля! Ха-ха-ха-ха-ха-ха! Каково, а? Ну? Что вы скажете на это, счастливые родители?»

И будет смеяться еще полчаса, и папа и мама будут смеяться тоже. И мне будет стыдно за них и за себя. И я дам себе клятву, что потом, когда кончится этот ужас, я как-нибудь незаметно для папы поцелую маму, незаметно для мамы поцелую папу. Потому что я люблю их одинаково обоих, о-ди-на-ко-во!! Клянусь своей белой мышкой! Ведь это так просто. Но взрослых это почему-то не удовлетворяет. Несколько раз я пробовал честно и точно ответить на этот вопрос, и всегда я видел, что взрослые недовольны ответом, у них наступало какое-то разочарование, что ли. У всех у них в глазах как будто бывает написана одна и та же мысль, приблизительно такая: «У-у-у… Какой банальный ответ! Он любит папу и маму одинаково! Какой скучный мальчик!»

단어 및 표현

захохотать [완] 큰 소리로 웃기 시작하다	удовлетворять [불완] 만족시키다
кретинский [형] 어리석은	пробовать [불완] 시도하다
ещё [부] 앞으로 더	честно [부] 정직하게
стыдно [부] 창피하다	недовольный [형] 불만족한
дать себе клятву 굳게 다짐하다	разочарование [명] 실망
как-нибудь [부] 적당한 때를 봐서	бывает 어쩌면, 아마도
одинаково [부] 똑같이	приблизительно [부] 대략

그는 큰 소리로 웃기 시작할 것이다. 무슨 이유에서인지 그는 이런 멍청한 답변들을 들으면 즐거워한다. 그는 100번도 더 반복할 것이다.

- 미하일 탈! 하-하-하-하-하-하! 누구라고? 이런! 행복한 부모님들, 여러분들 생각은 어떤가요?

이 말을 하고도 30분은 더 웃을 것이고 엄마와 아빠 역시 웃을 것이다. 그리고 나는 그들과 나 자신으로 인해 창피할 것이다. 그리고 나는 나중에 이 끔찍한 상황이 끝나면 어떻게 해서든 아빠 몰래 엄마한테 뽀뽀하고, 엄마 몰래 아빠한테 뽀뽀하리라 다짐한다. 왜냐하면 나는 두 분을 똑같이 사랑하기 때문이다. 똑-같-이 말이다! 내 흰 쥐를 걸고 맹세할 수 있다. 이건 너무나도 자명한 사실이니까. 하지만 어른들은 무슨 이유에서인지 이 정도 대답으로는 만족하지 않는다. 나는 몇 번이고 정직하면서 정확하게 이 질문에 대답을 하려고 시도했지만 늘 어른들은 내 대답에 불만을 갖고 무엇 때문인지 실망 비슷한 것을 한 것 같다는 느낌이 들었다. 그리고 나는 그들 모두의 눈에서 '얼마나 진부한 대답인가! 아빠와 엄마를 똑같이 사랑하다니! 얼마나 따분한 소년인가!' 같은 생각을 읽은 것 같은 생각이 든다.

банальный [형] 진부한

이야기해 볼까요?

- '~를 걸고 맹세해'는 러시아어로 'Клянусь+조격'으로 표현합니다. 본문에서는 주인공인 데니스가 자신이 키우는 흰 쥐를 걸고 맹세를 해서 белой мышкой를 넣은 것입니다.

- 러시아 사람들과 대화를 하다보면 что ли라는 말을 자주 들을 수 있습니다. Что ли는 문장 끝에 붙여서 무언가 의심하거나 확신이 없는 상태를 표현합니다. 우리 말로는 '~랄까' 정도로 해석이 됩니다.

Потому я и совру им про Михаила Таля, пусть посмеются, а я пока попробую снова вырваться из стальных объятий моего нового знакомого! Куда там, видно, он поздоровее Юрия Власова. И сейчас он мне задаст еще один вопросик. Но по его тону я догадываюсь, что дело идет к концу. Это будет самый смешной вопрос, вроде бы на сладкое. Сейчас его лицо изобразит сверхъестественный испуг.

«А ты сегодня почему не мылся?»

Я мылся, конечно, но я прекрасно понимаю, куда он клонит.

И как им не надоест эта старая, заезженная игра?

Чтобы не тянуть волынку, я схвачусь за лицо.

단어 및 표현

соврать [완] 거짓말하다	по тону 톤으로
стальной [형] 강철 같은	догадываться [불완] 추측하다
объятие [명] 포옹	сверхъестественный [형] 놀라운, 비범한
поздоровее 더 건장하다	испуг [명] 공포

그래서 나는 미하일 탈 얘기를 하며 거짓말을 하고 그들이 웃는 동안 또다시 새로 만난 어른의 강철 같은 포옹에서 벗어나려고 시도할 것이다. 하지만 슬프게도 그는 유리 블라소프[1] 보다 더 건강한 것 같다. 그리고 그런 그가 나에게 질문 하나를 더 할 것이다. 하지만 그의 톤으로 보아 나는 이 질문이 사실상 마지막 질문인 것 같다는 생각을 한다. 이것은 가장 우스꽝스럽지만 달콤한 간식 같은 질문이다. 이제 그는 굉장히 겁먹은 표정을 지으면서 질문할 것이다.

- 너는 오늘 왜 안 씻었니?

나는 물론 씻었지만 그가 이 말을 하는 이유를 너무나도 잘 알고 있다.

'이제 이런 고리타분한 놀이는 그만할 때도 되지 않았나?'

나는 이 놀이를 어서 끝내고 싶어서 얼굴을 움켜쥔다.

---

[1] 유리 블라소프 (1935-2021) 소련의 역도 선수이다. 1960년과 1964년 하계 올림픽에 참가하여 각각 1위와 2위를 한 바 있다.

이야기해 볼까요?

- 러시아어 명사에는 '지소형'이라는 형태가 있는데 보통 명사에 -ик, -ек, -очк, -оньк 같은 접미사를 붙여서 만듭니다. 이러한 형태는 해당 명사가 작은 것을 나타내거나 구어체에서 사용됩니다. вопросик의 경우는 '질문'은 '쉽거나 가벼운 질문'의 의미로 사용되었습니다.

- Дело идёт к концу를 직역하면 '일이 끝을 향해 가고 있다' 즉, '이제 다 끝나간다, 혹은 이제 조금만 참으면 (더 하면)된다' 등을 나타냅니다. 본문에서는 조금만 더 참으면 된다는 의미로 사용되었습니다.

«Где?! – вскрикну я. – Что?! Где?!»

Точно! Прямое попадание! Взрослый мгновенно произнесет свою старомодную муру.

«А глазки? – скажет он лукаво. – Почему такие черные глазки? Их надо отмыть! Иди сейчас же в ванную!»

И он наконец-то отпустит меня! Я свободен и могу приниматься за дела.

Ох и трудненько достаются мне эти новые знакомства! Но что поделать? Все дети проходят через это! Не я первый, не я последний…

Тут ничего изменить нельзя.

단어 및 표현

вскрикнуть [완] 외마디 비명을 지르다

прямое попадание 바로 명중하는 것

мгновенно [부] 순식간에

произнести [완] 발음하다

старомодный [형] 구식의

мура [명] 쓸데없는 말

лукаво [부] 교활하게

отпустить [완] 놓아주다, 그만 괴롭히다

приниматься за дела 일에 착수하다

나는 갑자기 소리를 지를 것이다.
- 어디요? 뭐라고요? 어디 말씀이세요?
정확히! 명중할 것이다! 어른은 즉시 늘 하던 뻔한 말을 할 것이다.
그는 교활하게 말할 것이다.
- 눈은? 왜 눈이 그렇게 시커멓지? 눈을 씻어야지! 지금 당장 욕실로 가!
그리고 결국 그는 나를 놓아줄 것이다! 나는 자유를 얻어서 하고 싶은 일을 할 수 있게 된다.
정말이지 새로운 어른과 인사하는 건 너무 힘들다니까! 하지만 하는 수 없지 않은가? 아이들은 모두 이런 일을 겪으면서 크지 않는가! 내가 처음도 아니고 마지막도 아닌 걸...
이것은 절대 바꿀 수 없는 일이다.

이야기해 볼까요?

- отмыть, умыться, принимать душ, принимать ванну에 관하여...
отмыть는 '씻어서 더러운 것을 없애다'를 뜻하며, умыться은 '얼굴이나 손을 씻다'를 뜻해서 '세수하다'라는 의미로 사용합니다. '샤워하다'는 러시아어로 принимать душ라고 하며, '목욕하다'는 принимать ванну라고 표현합니다.

- трудненько의 경우 '어렵다'의 구어체이지만 부사 끝에 -вато라는 접미사가 붙으면 '좀..., 다소... 하다'라는 의미를 나타냅니다. 예를 들어 жарковато는 '좀 덥다'를 나타냅니다.

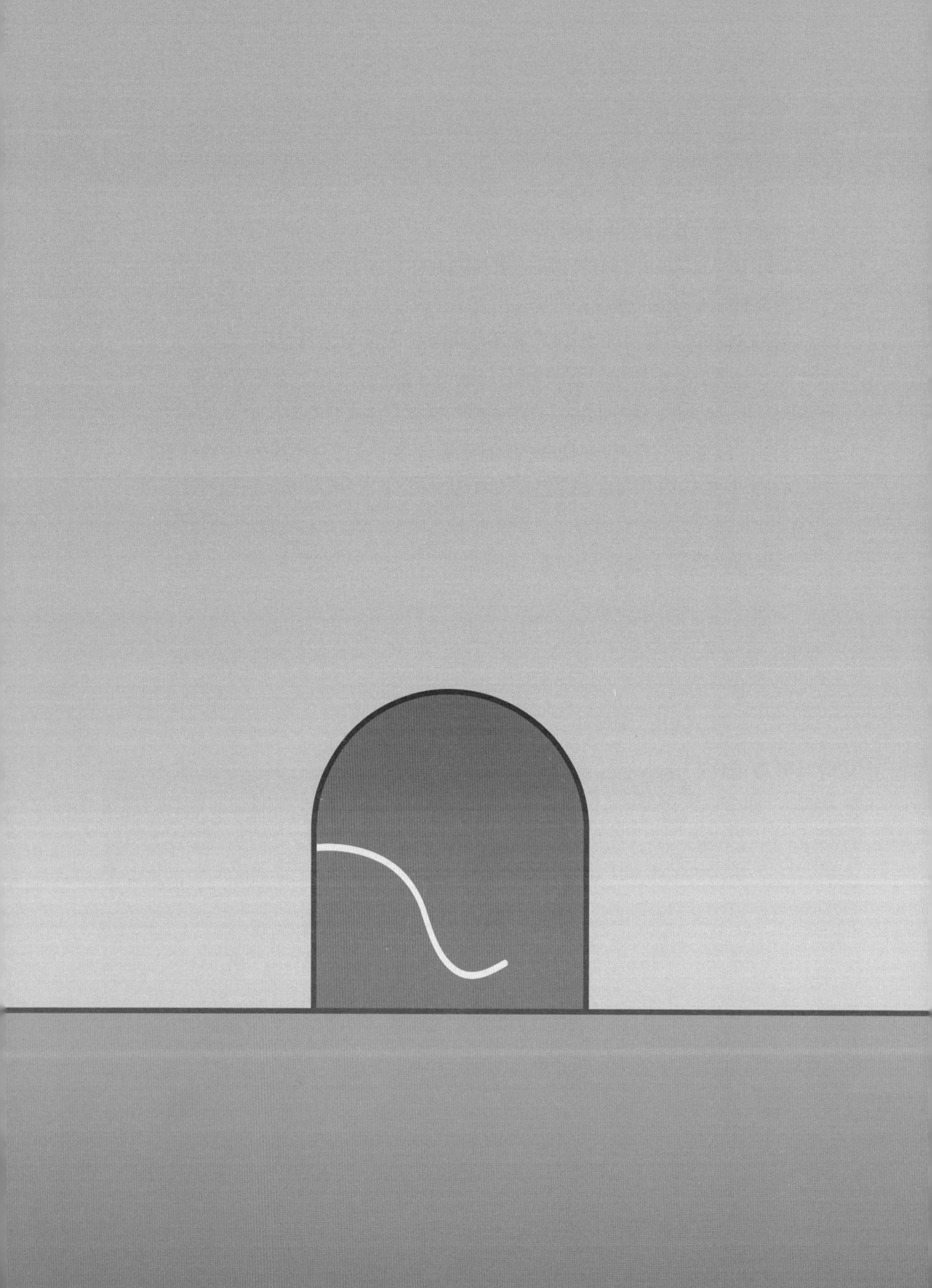

여섯 번째 이야기
파블랴는 영국인
Англичанин Павля

– Завтра первое сентября, – сказала мама. – И вот наступила осень, и ты пойдешь уже во второй класс. Ох, как летит время!

– И по этому случаю, – подхватил папа, – мы сейчас «зарежем» арбуз!

И он взял ножик и взрезал арбуз. Когда он резал, был слышен такой полный, приятный, зеленый треск, что у меня прямо спина похолодела от предчувствия, как я буду есть этот арбуз. И я уже раскрыл рот, чтобы вцепиться в розовый арбузный ломоть, но тут дверь распахнулась, и в комнату вошел Павля. Мы все страшно обрадовались, потому что он давно уже не был у нас и мы по нем соскучились.

– Ого, кто пришел! – сказал папа. – Сам Павля. Сам Павля-Бородавля!

– Садись с нами, Павлик, арбуз есть, – сказала мама, – Дениска, подвинься.

단어 및 표현

сентябрь [명] 9월	треск [명] 쩍 갈라지는 소리
наступить [완] (계절 등이) 오다	прямо [부] 즉시
класс [명] (초,중,고) 학년	спина [명] (신체의) 등
по этому поводу 이 일을 기념하여	похолодеть от+생격: ~로 인해 소름이 돋다
подхватить [완] 재빨리 말하다	предчувствие [명] 예감
зарезать [완] 씹어먹다	раскрыть [완] 크게 벌리다
взрезать [완] 칼로 자르다	вцепиться [완] 꼭 잡다

엄마가 말했다.

- 내일은 9월 1일이야. 가을도 시작됐고, 너는 벌써 2학년이 되는구나. 시간 참 빠르다!

그러자 아빠가 이때를 놓칠세라 재빨리 말했다.

- 그렇다면 지금 수박을 "먹자"!

그리고 칼을 들고 수박을 잘랐다. 그가 수박을 자르는 동안 속이 꽉 차고 기분 좋은 초록색 수박이 쩍 갈라지는 소리가 들려서 나는 그 수박을 먹을 생각에 몸에 소름이 돋을 정도였다. 내가 수박의 분홍색 과육을 물려고 입을 크게 벌렸을 때 문이 활짝 열리더니 파블랴가 우리 방에 들어왔다. 그를 못 본지 오래돼서 그가 보고 싶었기 때문에 우리 모두는 너무 기뻤다.

아빠가 말했다.

- 이런, 이게 누군가? 파블랴가 몸소 오다니! 더벅머리 파블랴가 몸소 우리 집에 오다니

엄마가 말했다.

- 파블릭, 우리랑 같이 앉아. 데니스야, 옆으로 좀 가렴.

ломоть [명] 칼로 잘라서 평평하고 큰 조각   соскучиться [완] 그리워하다

распахнуться [완] (문이)활짝 열리다   подвинуться [완] 자리를 만들려고 옆으로 가다

이야기해 볼까요?

- '세월 참 빠르다'는 Как летит время!, '벌써 시간이 이렇게 됐어?'는 Как бежит время! 라고 합니다.

- Павля-Бородавля의 경우 Бородавля는 더벅머리나 턱수염 난 사람을 가리키는데, 본문에 있는 사내아이가 턱수염을 기르지는 않았기 때문에 '더벅머리 파블랴'라고 번역하였습니다.

Я сказал:

– Привет! – и дал ему место рядом с собой.

– Привет! – сказал он и сел.

И мы начали есть и долго ели и молчали. Нам неохота было разговаривать. А о чем тут разговаривать, когда во рту такая вкуснотища!

И когда Павле давали третий кусок, он сказал:

– Ах, люблю я арбуз. Даже очень. Мне бабушка никогда не дает его вволю поесть.

단어 및 표현

дать+여격+место: ~에게 자리를 만들어주다

сесть [완] 앉다

во рту (⇐ рот) 입안에

вкуснотища [명] (구어체) 굉장히 맛있는 것

вволю [부] 실컷, 배불리, 원하는 만큼
(먹다, 놀다 등)

내가 말했다.

- 안녕!

그리고 난 그가 앉을 수 있게 내 옆에 자리를 만들어주었다.

그도 "안녕!"이라고 말하곤 앉았다.

그리고 우리는 먹기 시작했고 말도 안 하고 한참동안 먹기만 했다. 우리는 대화를 하고 싶지 않았다. 입 속에 그렇게 맛있는 게 들어있는데 무슨 얘기를 한단 말인가!

그리고 파블랴에게 세번째 조각을 주자 그가 말했다.

- 저 진짜 수박 좋아하거든요. 엄청요. 그런데 할머니는 한 번도 실컷 먹을수 있게 주신 적이 없어요.

이야기해 볼까요?

- неохота는 무인칭문에서 서술형 부사로(서술어의 역할을 하는 부사) '~을 하기 싫다'란 의미를 갖고 있으며, 의미상 주어는 '여격'으로 표현합니다. 예를 들어 '일어나야 하는데, 일어나기 싫다'는 'Надо вставать, а вставать неохота'라고 합니다.

– А почему? – спросила мама.

– Она говорит, что после арбуза у меня получается не сон, а сплошная беготня.

– Правда, – сказал папа. – Вот поэтому-то мы и едим арбуз с утра пораньше. К вечеру его действие кончается, и можно спокойно спать. Ешь давай, не бойся.

– Я не боюсь, – сказал Павля.

И мы все опять занялись делом и опять долго молчали. И когда мама стала убирать корки, папа сказал:

– А ты чего, Павля, так давно не был у нас?

– Да, – сказал я. – Где ты пропадал? Что ты делал?

단어 및 표현

не A, а B: A가 아니라 B이다

сплошной [형] 쉬지 않고 이어지는

беготня [명] (구어체) 뛰어다니는 것 (본문에서는 계속 화장실에 가는 것을 뜻함)

кончаться [불완] 끝나다

корка [명] (과일의) 껍질

чего [의문부사] (속어) 왜

пропадать [불완] 사라지다, 안 오다, 연락을 안 하다, 전화를 안 받다

엄마가 물었다.

- 왜?

- 수박을 먹고 나면 잠을 못 자고 밤새도록 들락날락 거릴 거라고 하셨어요.

아빠가 말했다.

- 그렇긴 하지. 그래서 우리는 수박을 아침부터 먹는단다. 그러면 저녁이 될 즈음에는 수박의 영향력에서 벗어나서 마음 편히 잘 수 있지. 그러니 걱정 말고 먹으렴.

파블랴가 말했다.

- 걱정 안 해요.

우리 모두는 또다시 좀전에 하던 일을 계속했고 또다시 한참동안 말이 없었다. 그리고 엄마가 수박 껍질을 치우기 시작하자 아빠가 말했다.

- 파블랴, 그런데 넌 왜 이렇게 오랜만에 온 거니?

나도 말했다.

- 맞아. 너 어디 갔었던 거야? 그동안 뭐 했어?

이야기해 볼까요?

- спокойно 라는 부사는 생각보다 흥미롭습니다. 본문에서는 '마음 편히' 즉, '밤새도록 화장실에 갈 걱정을 안 하고' 라는 의미로 쓰였으며, 이 부사는 '아무렇지도 않게'라는 의미로도 쓰입니다.

  Галина спокойно принимает дорогие подарки. 갈리나는 비싼 선물을 아무렇지도 않게 받는다.

И тут Павля напыжился, покраснел, поглядел по сторонам и вдруг небрежно так обронил, словно нехотя:

– Что делал, что делал? Английский изучал, вот что делал.

Я прямо опешил. Я сразу понял, что я все это лето зря прочепушил. С ежами возился, в лапту играл, пустяками занимался. А вот Павля, он времени не терял, нет, шалишь, он работал над собой, он повышал свой уровень образования. Он изучал английский язык и теперь небось может переписываться с английскими пионерами и читать английские книжки! Я сразу почувствовал, что умираю от зависти, а тут еще мама добавила:

– Вот, Дениска, учись. Это тебе не лапта!

– Молодец, – сказал папа. – Уважаю!

단어 및 표현

напыжиться [완] (구어체) 잔뜩 인상을 쓰다	прочепушить [완] 시간을 허비하다
по строронам 사방을 (둘러보다)	возиться с +조격: (동물과) 놀다
небрежно [부] 지나가는 말처럼	терять время 시간 낭비하다
обронить [완] 지나가는 말처럼 말하다	шалишь 반대로
словно нехотя 마치 내키지 않는 것처럼	небось 분명히
прямо [부] 무척, 매우	это тебе не +주격: 이건 네가 하는 '주격'이랑은 차원이 달라
опешить [완] (구어체) 당황하다	
зря [부] 공연히	

그러자 파블랴는 잔뜩 인상을 쓰고 얼굴을 붉히더니 사방을 한 번 둘러보곤 갑자기 내키지 않는다는듯 지나가는 말처럼 말했다.

- 뭐 했냐고, 내가 뭘 했냔 말이지? 영어 공부를 했어, 그래 그거 하느라 못 왔어.

나는 무척 당황했다. 나는 그 순간 여름 내내 쓸데없는 짓만 하면서 시간을 보냈다는 사실을 깨달았다. 고슴도치와 시간을 보냈고, '랍타[1]'를 하며 놀았으며, 쓸데없는 짓을 했다. 그런데 파블랴는 시간을 허투루 쓰지 않았다. 아니, 그는 그동안 자기 자신의 능력을 향상시키고 교육 수준을 높였다. 그는 영어를 공부했고 이제 영어권 피오네르[2]와 편지도 주고 받고 영어로 된 책도 읽겠지! 나는 부러워 미칠 것 같은 기분이 들었는데 엄마가 한 마디 더 보탰다.

- 거봐, 데니스, 공부하렴. '랍타' 게임이나 하는 거랑은 차원이 다르구나.

아빠가 말했다.

- 대단해. (나는 이런 사람을) 존경한다니까.

---

[1] 러시아 전통 놀이로 길고 평평한 방망이로 작은 공을 치는 놀이이다.
[2] '피오네르'란 소련 시대 소년단을 뜻한다.

이야기해 볼까요?

- работать над собой은 '자기 개발을 하다'를, повышать свой уровень образования는 '자신의 교육 수준을 높이다'인데 본문에서는 동의어로 사용되었습니다.
- умирать от+생격은 '~때문에 죽을 것 같다'라는 의미이며, '생격'에는 '사랑', '지루함', '외로움' 등의 다양한 단어가 올 수 있습니다.

Павля прямо засиял.

– К нам в гости приехал студент, Сева. Так вот он со мной каждый день занимается. Вот уже целых два месяца. Прямо замучил совсем.

– А что, трудный английский язык? – спросил я.

– С ума сойти, – вздохнул Павля.

– Еще бы не трудный, – вмешался папа. – Там у них сам черт ногу сломит. Уж очень сложное правописание. Пишется Ливерпуль, а произносится Манчестер.

– Ну да! – сказал я. – Верно, Павля?

– Прямо беда, – сказал Павля. – Я совсем измучился от этих занятий, похудел на двести граммов.

단어 및 표현

засиять [완] (기뻐서) 표정이 밝아지다	вмешаться [완] (대화 등에) 끼어들다
так вот (원래 하던 이야기로 돌아갈 때) 그래서 (그 사람이) 말이야,…	сам чёрт ногу сломит 완전 엉망이다
	правописание 정자법
замучить [완] 괴롭히다	пишется 스펠링이 …이다
с ума сойти 미치다	произносится 발음이 …이다
вздохнуть [완] 한숨쉬다	беда [명] 너무 괴롭다, 굉장히 어렵다
еще бы не 물론이다	измучиться [완] 녹초가 되다

그러자 파블랴의 표정이 밝아지기 시작했다.

- 우리 집에 대학생 세바 형이 놀러 와있거든요. 그래서 형이랑 매일 공부해요. 벌써 같이 공부한 지 두 달 됐어요. 어찌나 힘들던지.

내가 물었다.

- 뭐야, 영어가 그렇게 어려운 거야?

파블랴가 한숨 섞인 투로 말했다.

- 미쳐버릴거 같아.

아빠가 끼어들었다.

- 당연히 어렵지. 뭐가 뭔지 알 수가 없다니까. 정자법은 또 얼마나 어렵다고. "리버풀"(Liverpool)이라고 쓰고 "맨체스터"(Mancester)라고 발음한다니까.

내가 말했다.

- 그렇겠죠! 파블랴, 아빠 말이 맞아?

그러자 파블랴가 말했다.

- 완전 장난 아니야. 나 수업이 너무 힘들어서 살이 200그램이나 빠졌어.

> **이야기해 볼까요?**
>
> - похудеть на + 숫자의 대격 + 명사의 단수 생격 혹은 복수 생격
>
>   похудел на двести граммов의 경우 двести가 숫자의 대격이고, граммов는 숫자 200때문에 복수 생격 형태를 띤 것입니다.

– Так что ж ты не пользуешься своими знаниями, Павля? – сказала мама. – Ты почему, когда вошел, не сказал нам по-английски «здрасте»?

– Я «здрасте» еще не проходил, – сказал Павля.

– Ну, вот ты арбуз поел, почему не сказал «спасибо»?

– Я сказал, – сказал Павля.

– Ну да, по-русски-то ты сказал, а по-английски?

– Мы до «спасибо» еще не дошли, – сказал Павля. – Очень трудное пропо-ви-сание.

Тогда я сказал:

– Павля, а научи-ка меня, как по-английски «раз, два, три».

– Я этого еще не изучил, – сказал Павля.

단어 및 표현

знания(⇐ знание) 지식

проходить [불완] 배우다, (진도가) 나가다

дойти до+생격: ~까지 배우다, (진도가) ~까지 나가다

그러자 엄마가 말했다.

- 그럼 배웠으면 써먹어야지, 파블랴? 너는 왜 우리 방에 들어오면서 영어로 '안녕하세요.'라고 말 안 했니?

파블랴가 말했다.

- '안녕하세요.'는 아직 안 배웠거든요.
- 그럼 수박을 다 먹은 후에라도 '감사합니다.'라고 했어야지.
- 말했는데요.
- 그래, 러시아어로는 했지만 영어론 안 했잖니?
- 아직 거기까지 안 나갔어요. 정짜법이 굉장히 어려워서요.

그러자 내가 말했다.

- 파블랴, 그럼 영어로 "하나, 둘, 셋"이 뭔지 나한테 알려줘.
- 나 아직 그거 안 배웠는데.

이야기해 볼까요?

- **부정문에서 목적어 표현하기! (этого не изучил을 중심으로)**
  대격을 요구하는 타동사의 경우 부정문에서는 위와 같이 этого라는 생격을 사용할 수 있습니다.

여섯 번째 이야기. 파블랴는 영국인

– А что же ты изучил? – закричал я. – За два месяца ты все-таки хоть что-нибудь-то изучил?

– Я изучил, как по-английски «Петя», – сказал Павля.

– Ну, как?

– Пит! – торжествующе объявил Павля. – По-английски Петя будет Пит. – Он радостно засмеялся и добавил: – Вот завтра приду в класс и скажу Петьке Горбушкину: «Пит, а Пит, дай ластик!» Небось рот разинет, ничего не поймет. Вот потеха-то будет! Верно, Денис?

– Верно, – сказал я. – Ну, а что ты еще знаешь по-английски?

– Пока все, – сказал Павля.

단어 및 표현

торжествующе	무언가 대단한 걸 말하기라도 하려는 듯이
радостно [부] 기쁘게	разинуть [완] 입을 크게 벌리다
ластик [명] (구어체)지우개	верно [부] ~의 말이 옳다

내가 소리지르기 시작했다.

- 그럼 넌 도대체 뭘 배운거야? 2달 동안 뭐라도 배웠을 거 아니야?

그러자 파블랴가 말했다.

- 영어로 '뻬쨔'가 뭔지 배웠어.

- 그래서 뭔데?

그러자 그는 무언가 대단한 걸 말하기라도 하는듯이 말했다.

- 피트야! 뻬쨔는 영어로 피트야.

이 말을 한 후에 그는 기쁜지 웃으면서 덧붙였다.

- 그래서 내일 교실에 도착해서 뻬치까 고르부시킨한테 말할거야. '피트, 이바 피트, 지우개 좀 주라!' 그럼 분명 입을 크게 벌리곤 무슨 말인지 하나도 이해 못하겠지. 진짜 웃기겠지! 그렇지, 데니스?

내가 말했다.

- 맞아. 그럼 그거 말고 뭘 더 아는데?

- 아직은 그게 다야.

이야기해 볼까요?

- что-нибудь-то란? '뭐가 됐든, 뭐라도 좋으니 ...이 있었는가'라는 것을 의미합니다.
- потеха-то 란? 'потеха'는 원래도 구어체로 '웃기다, 재미있다'을 뜻하는데, -то라는 접미사를 붙여서 더 구어체적인 성격이 강해졌습니다.
- пока всё는 '아직은 이게 다야'라는 의미로 일상생활에서 자주 사용됩니다.

일곱 번째 이야기

영원한 비밀은 없다
Тайное становится явным

Я услышал, как мама сказала кому-то в коридоре:

– ... Тайное всегда становится явным.

И когда она вошла в комнату, я спросил:

– Что это значит, мама: «Тайное становится явным»?

– А это значит, что если кто поступает нечестно, все равно про него это узнают, и будет ему стыдно, и он понесет наказание, – сказала мама. – Понял?.. Ложись-ка спать!

Я почистил зубы, лег спать, но не спал, а все время думал: как же так получается, что тайное становится явным? И я долго не спал, а когда проснулся, было утро, папа был уже на работе, и мы с мамой были одни. Я опять почистил зубы и стал завтракать.

단어 및 표현

тайный [형] 비밀의	стыдно [부] 창피하다
явный [형] 드러나는	понести наказание 벌을 받다
поступать [불완] 행동하다	почистить зубы 이를 닦다
нечестно [부] 부정직하게	всё время 줄곧, 계속
всё равно 어차피	

나는 엄마가 복도에서 누군가에게 말하는 소리를 들었다.

- ...영원한 비밀은 없다니까요.

그래서 엄마가 방에 들어오셨을 때 내가 물었다.

- 엄마, '영원한 비밀은 없다'는 말이 무슨 뜻이예요?

그러자 엄마가 말했다.

- 그건 누군가 정직하지 않게 행동했을 때 결국 사람들이 이 사실을 알게될 것이고 그렇게 되면 그는 창피해할 거고, 벌을 받는다는 것을 뜻한단다. 이해했니? 이제 자렴!

나는 이를 닦고 자려고 누웠지만 잠을 자지 않고 '영원한 비밀이 없다'는 것이 어떻게 가능한지에 관해 계속 생각했다. 그렇게 나는 한참동안 잠을 안 자다가 잠에서 깼을 땐 아침이어서 아빠는 벌써 출근하고 엄마와 나 단 둘이 남았다. 나는 또다시 이를 닦고 아침을 먹기 시작했다.

이야기해 볼까요?

- **'(잠에서) 깨다'와 '(아침에) 일어나다'에 관하여**
  '잠에서 깨다'는 просыпаться[불완]/проснуться[완]이며, '일어나다'는 вставать[불완]/встать[완] 동사를 사용합니다.

Сначала я съел яйцо. Это еще терпимо, потому что я выел один желток, а белок раскромсал со скорлупой так, чтобы его не было видно. Но потом мама принесла целую тарелку манной каши.

– Ешь! – сказала мама. – Безо всяких разговоров!

Я сказал:

– Видеть не могу манную кашу!

Но мама закричала:

– Посмотри, на кого ты стал похож! Вылитый Кощей! Ешь. Ты должен поправиться.

Я сказал:

– Я ею давлюсь!

단어 및 표현

ещё [부] 그나마, 그런대로

терпимый [형] 참을만한

выесть [완] 안쪽에 있는 (노른자, 팥앙꼬 등을) 먹다

раскромсать [완] 아무렇게나 자르다, 부수다

так, чтобы ...: ... 하도록 (그렇게)

манная каша 세몰리나 죽

безо всяких разговоров 잔말 말고

вылитый ...: 꼭 ....같다

поправиться [완] 살찌다

давиться [불완] ~가 목에 걸려서 숨쉬기 힘들다

먼저 나는 계란 하나를 먹었다. 이건 그래도 참을 만했는데, 계란 노른자는 먹고 흰자는 계란 껍질과 함께 으깨서 흰자가 안 보였기 때문이다. 하지만 엄마가 이후에 세몰리나 죽을 한 접시 가져오셨다.

엄마가 말했다.

- 잔말 말고 먹어!

내가 말했다.

- 전 이제 세몰리나 죽은 보기도 싫어요!

하지만 엄마가 소리지르기 시작했다.

- 네 모습이 어떤지 좀 보렴! 코세이[1]랑 똑같잖아! 넌 살 좀 쪄야해.

내가 말했다.

- 삼키는 것도 괴롭단 말이예요!

---

1 러시아 민화에 등장하는 비쩍 마른 노인

Тогда мама села со мной рядом, обняла меня за плечи и ласково спросила:

– Хочешь, пойдем с тобой в Кремль?

Ну еще бы… Я не знаю ничего красивее Кремля. Я там был в Грановитой палате и в Оружейной, стоял возле царь-пушки и знаю, где сидел Иван Грозный. И еще там очень много интересного. Поэтому я быстро ответил маме:

– Конечно, хочу в Кремль! Даже очень!

Тогда мама улыбнулась:

– Ну вот, съешь всю кашу, и пойдем. А я пока посуду вымою. Только помни – ты должен съесть все до дна!

И мама ушла на кухню.

단어 및 표현

рядом [부] 나란히, 옆에	возле [전] 근처에, 옆에
обнять [완] 포옹하다, 끌어안다	вымыть посуду 설거지하다

그러자 엄마가 내 옆에 앉더니 내 어깨를 끌어안고 다정하게 질문했다.

- 크레믈린에 같이 갈까?

당연히 가야지... 나는 크레믈린보다 더 아름다운 곳을 모른다. 나는 그라노비따야 빨라따[1]와 무기고에도 갔었고 황제 대포 옆에도 서있었고 이반 뇌제가 앉아있던 곳도 안다. 게다가 거기엔 재미있는 것이 굉장히 많다. 그래서 나는 엄마한테 빨리 대답했다.

- 당연하죠, 크레믈린 가고 싶어요! 엄청 가고 싶어요!

그러자 엄마가 웃으면서 말했다.

- 그러니까 죽을 다 먹고 같이 가자꾸나. 나는 그동안 설거지를 해놓을게. 그런데 죽 한 그릇을 깨끗이 비워야 갈 수 있다는 거 잊지 마!

엄마는 이렇게 말하고 부엌으로 갔다.

---

[1] 모스크바 크레믈린 내부에 있는 건물이다.

이야기해 볼까요?

- '당연하죠! 물론이죠'를 러시아어로!
  간단하게는 'конечно!'가 있겠지만, 'ещё бы'도 구어체에서 많이 사용합니다.

- '나는 세상에서 ...가 가장 (좋다, 예쁘다)'는 'Я не знаю ничего красивее, лучше Кремля. (Я не знаю ничего+비교급+명사의 생격) (직역: 나는 크레믈린보다 더 아름답 거나 좋은 것은 아무것도 모른다)'라고 표현합니다.

- '바닥까지 깨끗하게'를 뜻하는 до дна는 술자리에서는 '원샷'(Выпей до дна)하라는 의미로 사용됩니다.

А я остался с кашей наедине. Я пошлепал ее ложкой. Потом посолил. Попробовал – ну, невозможно есть! Тогда я подумал, что, может быть, сахару не хватает? Посыпал песку, попробовал… Еще хуже стало. Я не люблю кашу, я же говорю.

А она к тому же была очень густая. Если бы она была жидкая, тогда другое дело, я бы зажмурился и выпил ее. Тут я взял и долил в кашу кипятку. Все равно было скользко, липко и противно. Главное, когда я глотаю, у меня горло само сжимается и выталкивает эту кашу обратно. Ужасно обидно! Ведь в Кремль-то хочется! И тут я вспомнил, что у нас есть хрен. С хреном, кажется, почти все можно съесть! Я взял и вылил в кашу всю баночку, а когда немножко попробовал, у меня сразу глаза на лоб полезли и остановилось дыхание, и я, наверно, потерял сознание, потому что взял тарелку, быстро подбежал к окну и выплеснул кашу на улицу. Потом сразу вернулся и сел за стол.

단어 및 표현

пошлёпать [완] (표면을 쳐서) 찰싹이다	липко [부] 끈적끈적하다
посолить [완] 소금 간을 살짝 하다	противно [부] 역겹다, 역하다
попробовать [완] 먹어보다	хрен [명] 겨자
посыпать [완] (가루를) 살짝 뿌리다	вылить [완] 쏟아 붓다
густой [형] (죽이) 되다	баночка [명] (잼 등을 넣는) 병
жидкий [형] (액체 등이) 묽다	потерять сознание 의식을 잃다
зажмуриться [완] 인상을 쓰다	выплеснуть [완] (액체를) 쏟아붓다
скользко [부] 매끄럽다	

그리고 나는 죽과 단둘이 남았다. 나는 숟가락으로 죽 표면을 쳐서 찰썩였다. 그런 후에 소금을 조금 넣었다. 그리고 맛을 봤다.

- 음, 먹기 힘든 맛이군!

그리고 난 어쩌면 설탕이 부족할지도 모른다는 생각을 했다. 그래서 설탕을 조금 넣고 다시 맛을 봤는데... 맛이 더 나빠졌다.

'이래서 죽이 싫다니까.'

게다가 죽이 굉장히 됐다. 만약 죽이 묽었다면 나는 인상을 쓰면서 그걸 마시기라도 했을 것이다. 그래서 나는 죽에 끓는 물을 추가했다. 하지만 죽 표면은 여전히 매끄럽고, 끈적끈적하고 역겨웠다. 중요한 건 내가 죽을 삼킬 때면 내 목이 저절로 수축돼서 죽을 입 밖으로 밀어낸다는 것이다. 정말이지 너무 억울하다! 하지만 크레믈린은 가고 싶다! 이때 나는 우리 집에 겨자가 있다는 사실이 생각났다. 겨자를 넣으면 못 먹는 음식이 없을 것 같았다! 나는 겨자를 쥐고 작은 병 속에 있는 겨자를 다 부었는데, 맛을 보자 눈이 이마까지 커지면서 숨이 멎어서 잠깐 필름이 끊긴 것 같았는데 그 이유는 내가 죽이 들어있는 접시를 들고 재빨리 창가로 가서 죽을 창 밖으로 쏟았기 때문이다. 그런 후에 곧장 식탁 앞으로 돌아와서 앉았다.

이야기해 볼까요?

- '(~와) 단둘이 남다'는 러시아어로 остаться с+조격 наедине라고 표현합니다.
- '설탕'이나 '물' 등 물질 명사의 경우 '조금'을 나타낼 때 부분 생격을 사용하는데 сахару와 песку가 바로 이러한 경우입니다.
- '이럴 줄 알았어'라는 의미는 Я же говорю라고 표현하며, 과거형도 많이 씁니다.
- '깜짝 놀랐다'라는 의미는 러시아어로 Глаза на лоб полезли(직역: 눈이 이마까지 올라왔다 즉, 깜짝 놀라서 눈이 굉장히 커졌다)라고 표현합니다.

В это время вошла мама. Она посмотрела на тарелку и обрадовалась:

– Ну что за Дениска, что за парень-молодец! Съел всю кашу до дна! Ну, вставай, одевайся, рабочий народ, идем на прогулку в Кремль! – И она меня поцеловала.

В эту же минуту дверь открылась, и в комнату вошел милиционер. Он сказал:

– Здравствуйте! – и подошел к окну, и поглядел вниз. – А еще интеллигентный человек.

– Что вам нужно? – строго спросила мама.

단어 및 표현

милиционер [명] 경찰관 (полицейский라는 단어도 혼용되는데, 두 단어의 차이는 полицейский는 군복무를 하고 법학을 공부한 사람을 가리키며, милиционер는 전공이나 직무 경험과 상관없이 경찰이 될 수 있다.)

интеллигентный [형] 지식인의
строго [부] 엄하게, 엄격하게

이때 엄마가 방에 들어왔다. 엄마는 접시를 보곤 기뻐했다.

- 데니스, 내가 이럴 줄 알았다니까! 너 정말 잘했어! 죽을 바닥까지 싹싹 비우다니 말이야! 자, 어서 일어나서 옷 입으렴. 해야할 일을 했으니 이제 크레믈린에 바람 쐬러 가자꾸나!

이 말을 하고 엄마는 내 얼굴에 입맞추었다.

그런데 바로 이때 문이 열리더니 방에 경찰이 들어왔다. 그리곤 말했다.

- 안녕하세요! 지식인이 이렇다니 놀랍군요.

그는 창가로 다가가서 아래 쪽을 내려다봤다.

- 무슨 일이시죠?

엄마가 엄한 목소리로 물었다.

이야기해 볼까요?

- 칭찬할 때 쓰는 말 중에 '~참 대단하다'는 'что за+명사의 주격'으로 나타낼 수 있습니다.
- 본문에서 рабочий народ은 '해야할 일을 열심히 한 사람'이라는 의미로 사용되었습니다.
- 누군가가 마음에 들지 않은 행동을 했을 때, '무슨 일이시죠?'라는 의미는 러시아어로 что вам нужно?(직역: 당신은 무엇이 필요하시죠?)라고 나타냅니다.

– Как не стыдно! – Милиционер даже стал по стойке «смирно». – Государство предоставляет вам новое жилье, со всеми удобствами и, между прочим, с мусоропроводом, а вы выливаете разную гадость за окно!

– Не клевещите. Ничего я не выливаю!

– Ах не выливаете?! – язвительно рассмеялся милиционер. И, открыв дверь в коридор, крикнул: – Пострадавший!

И к нам вошел какой-то дяденька.

Я как на него взглянул, так сразу понял, что в Кремль я не пойду.

На голове у этого дяденьки была шляпа. А на шляпе наша каша. Она лежала почти в середине шляпы, в ямочке, и немножко по краям, где лента, и немножко за воротником, и на плечах, и на левой брючине. Он как вошел, сразу стал заикаться:

단어 및 표현

по стойке смирно 차렷 자세로	клеветать [불완] 허위 사실을 유포하다
государство [명] 국가	язвительно [부] 악의적으로
предоставлять [불완] 제공하다	край [명] 끝부분
жильё [명] 주거, 살 집	воротник [명] 옷깃
со всеми удобствами 모든 편의 시설을 갖춘	брючина [명] 바지의 한쪽 가랑이
гадость [명] 역겨운 것	

경찰은 심지어 차렷 자세로 말했다.

- 창피하지도 않소! 정부는 당신에게 쓰레기 처리관을 포함하여 온갖 편의 시설이 딸린 새 집을 제공했는데, 온갖 종류의 더러운 것을 창 밖으로 쏟아버리다니요!

- 누가 그런 거짓말을 하고 다니던가요? 저는 창 밖으로 아무것도 안 버렸어요.

- 정말 그런 적이 없습니까?

그러자 경찰이 악의에 찬 미소를 띠며 큰 소리로 웃기 시작했다. 그리고 문을 열고 복도를 향해 소리질렀다.

- 이봐요, 피해자!

그러자 우리 방에 어떤 아저씨 한 사람이 들어왔다.

나는 그를 한 번 쳐다보고 크레믈린에 가기는 글렀다는 것을 바로 깨달았다.

이 아저씨는 모자를 쓰고 있었다. 그런데 모자에 우리 집 죽이 묻어있었다. 죽은 모자의 거의 한가운데 움푹 패인 곳에 고여있었고, 리본이 있는 끝부분에도 조금 묻어있었고 옷깃 뒷쪽과 어깨와 왼쪽 바지통에도 묻어있었다. 그는 우리 방에 들어오자마자 딸꾹질을 하기 시작했다.

> **이야기해 볼까요?**
>
> - '말이 나왔으니 말인데'는 러시아어로 между прочим이라고 합니다.
> - '피해자'는 러시아어로 пострадавший라고 하는데, 이 명사는 пострадать라는 동사의 능동 형동사 과거형(고통받은)이 명사로 바뀐 경우이며, 물론 형동사로도 사용됩니다.

– Главное, я иду фотографироваться… И вдруг такая история… Каша… мм… манная… Горячая, между прочим, сквозь шляпу и то… жжет… Как же я пошлю свое… фф… фото, когда я весь в каше?!

Тут мама посмотрела на меня, и глаза у нее стали зеленые, как крыжовник, а уж это верная примета, что мама ужасно рассердилась.

– Извините, пожалуйста, – сказала она тихо, – разрешите, я вас почищу, пройдите сюда!

И они все трое вышли в коридор.

А когда мама вернулась, мне даже страшно было на нее взглянуть. Но я себя пересилил, подошел к ней и сказал:

– Да, мама, ты вчера сказала правильно. Тайное всегда становится явным!

Мама посмотрела мне в глаза. Она смотрела долго-долго и потом спросила:

– Ты это запомнил на всю жизнь? И я ответил:

– Да.

단어 및 표현

жечь [불완] 뜨겁다	почистить [완] 닦아내다
крыжовник [명] 구스베리	страшно [부] 무섭다
верная примета …라는 확실한 징조이다.	пересилить себя 용기를 내다

- 중요한 건 사진을 찍으러 걸어가다가... 갑자기 이렇게 됐단 말입니다... 죽이... 음... 세몰리나... 게다가 뜨겁고 모자에 스며들어서... 뜨겁고... 이렇게 죽을 옴팡 뒤집어쓴 사진을 어떻게 보낸단 말입니까?

그러자 엄마가 나를 쳐다보셨고, 엄마의 눈이 구스베리처럼 초록색으로 변했는데, 이것은 엄마가 화가 많이 났다는 것을 뜻했다.

엄마가 조용히 말했다.

- 죄송합니다. 제가 닦아드릴게요. 이쪽으로 나오세요!

그리고 그들 셋은 복도로 나갔다.

그리고 엄마가 돌아왔을 때 나는 무서워서 엄마를 볼 엄두가 안 났다. 하지만 용기를 내서 엄마한테 다가가서 말했다.

- 네, 엄마, 어제 엄마가 하신 말씀이 옳았어요. 비밀은 반드시 밝혀진다고요!

엄마가 내 눈을 쳐다봤다. 엄마는 나를 한참동안 보더니 질문했다.

- 평생 기억해야겠지?

그래서 내가 대답했다.

- 네.

이야기해 볼까요?

- между прочим은 '게다가'라는 뜻도 갖고 있답니다.

원문
Оригинальный текст

오디오 파일

1. Он живой и светится

Однажды вечером я сидел во дворе, возле песка, и ждал маму. Она, наверно, задерживалась в институте, или в магазине, или, может быть, долго стояла на автобусной остановке. Не знаю. Только все родители нашего двора уже пришли, и все ребята пошли с ними по домам и уже, наверно, пили чай с бубликами и брынзой, а моей мамы все еще не было…

И вот уже стали зажигаться в окнах огоньки, и радио заиграло музыку, и в небе задвигались темные облака – они были похожи на бородатых стариков…

И мне захотелось есть, а мамы все не было, и я подумал, что, если бы я знал, что моя мама хочет есть и ждет меня где-то на краю света, я бы моментально к ней побежал, а не опаздывал бы и не заставлял ее сидеть на песке и скучать.

И в это время во двор вышел Мишка. Он сказал:

– Здорово!

И я сказал:

– Здорово!

Мишка сел со мной и взял в руки самосвал.

– Ого! – сказал Мишка. – Где достал? А он сам набирает песок? Не сам? А сам сваливает? Да? А ручка? Для чего она? Ее можно вертеть? Да? А? Ого! Дашь мне его домой?

Я сказал:

– Нет, не дам. Подарок. Папа подарил перед отъездом.

Мишка надулся и отодвинулся от меня. На дворе стало еще темнее.

Я смотрел на ворота, чтоб не пропустить, когда придет мама. Но она все не шла. Видно, встретила тетю Розу, и они стоят и разговаривают и даже не думают про меня. Я лег на песок.

Тут Мишка говорит:

– Не дашь самосвал?

– Отвяжись, Мишка.

Тогда Мишка говорит:

– Я тебе за него могу дать одну Гватемалу и два Барбадоса!

Я говорю:

– Сравнил Барбадос с самосвалом…

А Мишка:

– Ну, хочешь, я дам тебе плавательный круг?

Я говорю:

– Он у тебя лопнутый.

А Мишка:

– Ты его заклеишь!

Я даже рассердился:

– А плавать где? В ванной? По вторникам?

И Мишка опять надулся. А потом говорит:

– Ну, была не была! Знай мою доброту! На!

И он протянул мне коробочку от спичек. Я взял ее в руки.

– Ты открой ее, – сказал Мишка, – тогда увидишь!

Я открыл коробочку и сперва ничего не увидел, а потом увидел маленький светло-зеленый огонек, как будто где-то далеко-далеко от меня горела крошечная звездочка, и в то же время я сам держал ее сейчас в руках.

– Что это, Мишка, – сказал я шепотом, – что это такое?

– Это светлячок, – сказал Мишка. – Что, хорош? Он живой, не думай.

– Мишка, – сказал я, – бери мой самосвал, хочешь? Навсегда бери, насовсем! А мне отдай эту звездочку, я ее домой возьму…

И Мишка схватил мой самосвал и побежал домой. А я остался со своим светлячком, глядел на него, глядел и никак не мог наглядеться: какой он зеленый, словно в сказке, и как он хоть и близко, на ладони, а светит, словно издалека… И я не мог ровно дышать, и я слышал, как стучит мое сердце, и чуть-чуть кололо в носу, как будто хотелось плакать.

И я долго так сидел, очень долго. И никого не было вокруг. И я забыл про всех на белом свете.

Но тут пришла мама, и я очень обрадовался, и мы пошли домой. А когда стали пить чай с бубликами и брынзой, мама спросила:

– Ну, как твой самосвал?

А я сказал:

– Я, мама, променял его.

Мама сказала:

– Интересно! А на что?

Я ответил:

– На светлячка! Вот он, в коробочке живет. Погаси-ка свет!

И мама погасила свет, и в комнате стало темно, и мы стали вдвоем смотреть на бледно-зеленую звездочку.

Потом мама зажгла свет.

– Да, – сказала она, – это волшебство! Но все-таки как ты решился отдать такую ценную вещь, как самосвал, за этого червячка?

– Я так долго ждал тебя, – сказал я, – и мне было так скучно, а этот светлячок, он оказался лучше любого самосвала на свете.

Мама пристально посмотрела на меня и спросила:

– А чем же, чем же именно он лучше?

Я сказал:

– Да как же ты не понимаешь?! Ведь он живой! И светится!..

오디오 파일

2. Слава Ивана Козловского

У меня в табеле одни пятерки. Только по чистописанию четверка. Из-за клякс. Я прямо не знаю, что делать! У меня всегда с пера соскакивают кляксы. Я уж макаю в чернила только самый кончик пера, а кляксы все равно соскакивают. Просто чудеса какие-то! Один раз я целую страницу написал чисто-чисто, любо-дорого смотреть – настоящая пятерочная страница. Утром показал ее Раисе Ивановне, а там на самой середине клякса! Откуда она взялась? Вчера ее не было! Может быть, она с какой-нибудь другой страницы просочилась? Не знаю…

А так у меня одни пятерки. Только по пению тройка. Это вот как получилось. Был у нас урок пения. Сначала мы пели все хором «Во поле березонька стояла». Выходило очень красиво, но Борис Сергеевич все время морщился и кричал:

– Тяните гласные, друзья, тяните гласные!..

Тогда мы стали тянуть гласные, но Борис Сергеевич хлопнул в ладоши и сказал:

– Настоящий кошачий концерт! Давайте-ка займемся с каждым индивидуально.

Это значит с каждым отдельно.

И Борис Сергеевич вызвал Мишку.

Мишка подошел к роялю и что-то такое прошептал Борису Сергеевичу.

Тогда Борис Сергеевич начал играть, а Мишка тихонечко запел:

Как на тоненький ледок
Выпал беленький снежок…

Ну и смешно же пищал Мишка! Так пищит наш котенок Мурзик. Разве ж так поют! Почти ничего не слышно. Я просто не мог выдержать и рассмеялся.

Тогда Борис Сергеевич поставил Мишке пятерку и поглядел на меня.

Он сказал:

– Ну-ка, хохотун, выходи!

Я быстро подбежал к роялю.

– Ну-с, что вы будете исполнять? – вежливо спросил Борис Сергеевич.

Я сказал:

– Песня гражданской войны «Веди ж, Буденный, нас смелее в бой».

Борис Сергеевич тряхнул головой и заиграл, но я его сразу остановил:

– Играйте, пожалуйста, погромче! – сказал я.

Борис Сергеевич сказал:

– Тебя не будет слышно.

Но я сказал:

– Будет. Еще как!

Борис Сергеевич заиграл, а я набрал побольше воздуха да как запою:

Высоко в небе ясном
Вьется алый стяг…

Мне очень нравится эта песня.

Так и вижу синее-синее небо, жарко, кони стучат копытами, у них красивые лиловые глаза, а в небе вьется алый стяг.

Тут я даже зажмурился от восторга и закричал что было сил:

Мы мчимся на конях туда,
Где виден враг!
И в битве упоительной…

Я хорошо пел, наверное, даже было слышно на другой улице:

Лавиною стремительной!
Мы мчимся вперед!.. Ура!..
Красные всегда побеждают!
Отступайте, враги! Даешь!!!

Я нажал себе кулаками на живот, вышло еще громче, и я чуть не лопнул:

Мы врезалися в Крым!

Тут я остановился, потому что я был весь потный и у меня дрожали колени.

А Борис Сергеевич хоть и играл, но весь как-то склонился к роялю, и у него тоже тряслись плечи…

Я сказал:

– Ну как?

– Чудовищно! – похвалил Борис Сергеевич.

– Хорошая песня, правда? – спросил я.

– Хорошая, – сказал Борис Сергеевич и закрыл платком глаза.

– Только жаль, что вы очень тихо играли, Борис Сергеевич, – сказал я, – можно бы еще погромче.

– Ладно, я учту, – сказал Борис Сергеевич. – А ты не заметил, что я играл одно, а ты пел немножко по-другому!

– Нет, – сказал я, – я этого не заметил! Да это и не важно. Просто надо было погромче играть.

– Ну что ж, – сказал Борис Сергеевич, – раз ты ничего не заметил, поставим тебе пока тройку. За прилежание.

Как – тройку? Я даже опешил. Как же это может быть? Тройку – это очень мало! Мишка тихо пел и то получил пятерку…

Я сказал:

– Борис Сергеевич, когда я немножко отдохну, я еще громче смогу, вы не думайте. Это я сегодня плохо завтракал. А то я так могу спеть, что тут у всех уши позаложит. Я знаю еще одну песню. Когда я ее дома пою, все соседи прибегают, спрашивают, что случилось.

– Это какая же? – спросил Борис Сергеевич.

– Жалостливая, – сказал я и завел:

Я вас любил…

Любовь еще, быть может…

Но Борис Сергеевич поспешно сказал:

– Ну хорошо, хорошо, все это мы обсудим в следующий раз.

И тут раздался звонок.

Мама встретила меня в раздевалке. Когда мы собирались уходить, к нам подошел Борис Сергеевич.

– Ну, – сказал он, улыбаясь, – возможно, ваш мальчик будет Лобачевским, может быть, Менделеевым. Он может стать Суриковым или Кольцовым, я не удивлюсь, если он станет известен стране, как известен товарищ Николай Мамай или какой-нибудь боксер, но в одном могу заверить вас абсолютно твердо: славы Ивана Козловского он не добьется. Никогда!

Мама ужасно покраснела и сказала:
– Ну, это мы еще увидим!
А когда мы шли домой, я все думал:
«Неужели Козловский поет громче меня?»

오디오 파일

3. Одна капля убивает лощадь

Когда папа заболел, пришел доктор и сказал:

— Ничего особенного, маленькая простуда. Но я вам советую бросить курить, у вас в сердце легкий шумок.

И когда он ушел, мама сказала:

— Как это все-таки глупо — доводить себя до болезней этими проклятыми папиросами. Ты еще такой молодой, а вот уже в сердце у тебя шумы и хрипы.

— Ну, — сказал папа, — ты преувеличиваешь! У меня нет никаких особенных шумов, а тем более хрипов. Есть всего-навсего один маленький шумишко. Это не в счет.

— Нет — в счет! — воскликнула мама. — Тебе, конечно, нужен не шумишко, тебя бы больше устроили скрип, лязг и скрежет, я тебя знаю…

— Во всяком случае, мне не нужен звук пилы, — перебил ее папа.

— Я тебя не пилю, — мама даже покраснела, — но пойми ты, это действительно вредно. Ведь ты же знаешь, что одна капля папиросного яда убивает здоровую лошадь!

Вот так раз! Я посмотрел на папу. Он был большой, спору нет, но все-таки поменьше лошади. Он был побольше меня или мамы, но, как ни верти, он был поменьше лошади и даже самой захудалой коровы. Корова бы никогда не поместилась на нашем диване, а папа помещался свободно. Я очень испугался. Я никак не хотел, чтобы его убивала такая капля яда. Не хотел я этого никак и ни за что. От этих мыслей я долго не мог заснуть, так долго, что не заметил, как все-таки заснул.

А в субботу папа выздоровел, и к нам пришли гости. Пришел дядя Юра с тетей Катей, Борис Михайлович и тетя Тамара. Все пришли и стали вести себя очень прилично, а тетя Тамара как только вошла, так вся завертелась, и затрещала, и уселась пить чай рядом с папой. За столом она стала окружать папу заботой и вниманием, спрашивала, удобно ли ему сидеть, не дует ли из окна, и в конце концов до того наокружалась и назаботилась, что всыпала ему в чай три ложки сахару. Папа размешал сахар, хлебнул и сморщился.

— Я уже один раз положила сахар в этот стакан, — сказала мама, и глаза у нее стали зеленые, как крыжовник.

А тетя Тамара расхохоталась во все горло. Она хохотала, как будто кто-то под столом кусал ее за пятки. А папа отодвинул переслащенный чай в сторону. Тогда тетя Тамара вынула из сумочки тоненький портсигарчик и подарила его папе.

— Это вам в утешение за испорченный чай, — сказала она. — Каждый раз, закуривая папироску, вы будете вспоминать эту смешную историю и ее виновницу.

Я ужасно разозлился на нее за это. Зачем она напоминает папе про курение, раз он за время болезни уже почти совсем отвык? Ведь одна капля курильного яда убивает лошадь, а она напоминает. Я сказал:

«Вы дура, тетя Тамара! Чтоб вы лопнули! И вообще вон из моего дома. Чтобы ноги вашей толстой больше здесь не было».

Я сказал это про себя, в мыслях, так, что никто ничего не понял.

А папа взял портсигарчик и повертел его в руках.

— Спасибо, Тамара Сергеевна, — сказал папа, — я очень тронут. Но сюда не войдет ни одна моя папироска, портсигар такой маленький, а я курю «Казбек». Впрочем…

Тут папа взглянул на меня.

— Ну-ка, Денис, — сказал он, — вместо того чтобы выдувать третий стакан чаю на ночь, пойди-ка к письменному столу, возьми там коробку «Казбека» и укороти папироски, обрежь так, чтобы они влезли в портсигар. Ножницы в среднем ящике!

Я пошел к столу, нашел папиросы и ножницы, примерил портсигар и сделал все, как он велел. А потом отнес полный портсигарчик папе. Папа открыл портсигарчик, посмотрел на мою работу, потом на меня и весело рассмеялся:

— Полюбуйтесь-ка, что сделал мой сообразительный сын!

Тут все гости стали наперебой выхватывать друг у друга портсигарчик и оглушительно хохотать. Особенно старалась, конечно, тетя Тамара. Когда она перестала смеяться, она согнула руку и костяшками пальцев постучала по моей голове.

— Как же это ты догадался оставить целыми картонные мундштуки, а почти весь табак отрезать? Ведь курят-то именно табак, а ты его отрезал! Да что у тебя в голове — песок или опилки?

Я сказал:

«Это у тебя в голове опилки, Тамарище Семипудовое».

Сказал, конечно, в мыслях, про себя. А то бы меня мама заругала. Она и так смотрела на меня что-то уж чересчур пристально.

— Ну-ка, иди сюда, — мама взяла меня за подбородок, — посмотри-ка мне в глаза!

Я стал смотреть в мамины глаза и почувствовал, что у меня щеки стали красные, как флаги.

— Ты это сделал нарочно? — спросила мама.

Я не мог ее обмануть.

— Да, — сказал я, — я это сделал нарочно.

— Тогда выйди из комнаты, — сказал папа, — а то у меня руки чешутся.

Видно, папа ничего не понял. Но я не стал ему объяснять и вышел из комнаты.

Шутка ли — одна капля убивает лошадь!

오디오 파일

4. Друг детства

Когда мне было лет шесть или шесть с половиной, я совершенно не знал, кем же я в конце концов буду на этом свете. Мне все люди вокруг очень нравились и все работы тоже. У меня тогда в голове была ужасная путаница, я был какой-то растерянный и никак не мог толком решить, за что же мне приниматься.

То я хотел быть астрономом, чтоб не спать по ночам и наблюдать в телескоп далекие звезды, а то я мечтал стать капитаном дальнего плавания, чтобы стоять, расставив ноги, на капитанском мостике, и посетить далекий Сингапур, и купить там забавную обезьянку. А то мне до смерти хотелось превратиться в машиниста метро или начальника станции и ходить в красной фуражке и кричать толстым голосом:

– Го-о-тов!

Или у меня разгорался аппетит выучиться на такого художника, который рисует на уличном асфальте белые полоски для мчащихся машин. А то мне казалось, что неплохо бы стать отважным путешественником вроде Алена Бомбара и переплыть все океаны на утлом челноке, питаясь одной только сырой рыбой. Правда, этот Бомбар после своего путешествия похудел на двадцать пять килограммов, а я всего-то весил двадцать шесть, так что выходило, что если я тоже поплыву, как он, то мне худеть будет совершенно некуда, я буду весить в конце путешествия только одно кило. А вдруг я где-нибудь не поймаю одну-другую рыбину и похудею чуть побольше? Тогда я, наверно, просто растаю в воздухе как дым, вот и все дела.

Когда я все это подсчитал, то решил отказаться от этой затеи, а на другой день мне уже приспичило стать боксером, потому что я увидел в телевизоре розыгрыш первенства Европы по боксу. Как они молотили друг друга – просто ужас какой-то! А потом показали их тренировку, и тут они колотили уже тяжелую кожаную «грушу» – такой продолговатый тяжелый мяч, по нему надо бить изо всех сил, лупить что есть мочи, чтобы развивать в себе силу удара. И я так нагляделся на все на это, что тоже решил стать самым сильным человеком во дворе, чтобы всех побивать, в случае чего.

Я сказал папе:

– Папа, купи мне грушу!

– Сейчас январь, груш нет. Съешь пока морковку.

Я рассмеялся:

– Нет, папа, не такую! Не съедобную грушу! Ты, пожалуйста, купи мне обыкновенную кожаную боксерскую грушу!

– А тебе зачем? – сказал папа.

– Тренироваться, – сказал я. – Потому что я буду боксером и буду всех побивать. Купи, а?

– Сколько же стоит такая груша? – поинтересовался папа.

– Пустяки какие-нибудь, – сказал я. – Рублей десять или пятьдесят.

– Ты спятил, братец, – сказал папа. – Перебейся как-нибудь без груши. Ничего с тобой не случится.

И он оделся и пошел на работу.

А я на него обиделся за то, что он мне так со смехом отказал. И мама сразу же заметила, что я обиделся, и тотчас сказала:

– Стой-ка, я, кажется, что-то придумала. Ну-ка, ну-ка, погоди-ка одну минуточку.

И она наклонилась и вытащила из-под дивана большую плетеную корзинку; в ней были сложены старые игрушки, в которые я уже не играл. Потому что я уже вырос и осенью мне должны были купить школьную форму и картуз с блестящим козырьком.

Мама стала копаться в этой корзинке, и, пока она копалась, я видел мой старый трамвайчик без колес и на веревочке, пластмассовую дудку, помятый волчок, одну стрелу с резиновой нашлепкой, обрывок паруса от лодки, и несколько погремушек, и много еще разного игрушечного утиля. И вдруг мама достала со дна корзинки здоровущего плюшевого Мишку.

Она бросила его мне на диван и сказала:

– Вот. Это тот самый, что тебе тетя Мила подарила. Тебе тогда два года исполнилось. Хороший Мишка, отличный. Погляди, какой тугой! Живот какой толстый! Ишь как выкатил! Чем не груша? Еще лучше! И покупать не надо! Давай тренируйся сколько душе угодно! Начинай!

И тут ее позвали к телефону, и она вышла в коридор.

А я очень обрадовался, что мама так здорово придумала. И я устроил Мишку поудобнее на диване, чтобы мне сподручней было об него тренироваться и развивать силу удара.

Он сидел передо мной такой шоколадный, но здорово облезлый, и у него были разные глаза: один его собственный – желтый стеклянный, а другой большой белый – из пуговицы от наволочки; я даже не помнил, когда он появился. Но это было не важно, потому что Мишка довольно весело смотрел на меня своими разными глазами, и он расставил ноги и выпятил мне навстречу живот, а обе руки поднял кверху, как будто шутил, что вот он уже заранее сдается…

И я вот так посмотрел на него и вдруг вспомнил, как давным-давно я с этим Мишкой ни на минуту не расставался, повсюду таскал его за собой, и нянькал его, и сажал его за стол рядом с собой обедать, и кормил его с ложки манной кашей, и у него такая забавная мордочка становилась, когда я его чем-нибудь перемазывал, хоть той же кашей или вареньем, такая забавная милая мордочка становилась у него тогда, прямо как живая, и я его спать с собой укладывал, и укачивал его, как маленького братишку, и шептал ему разные сказки прямо в его бархатные твердненькие ушки, и я его любил тогда, любил всей душой, я за него тогда жизнь бы отдал. И вот он сидит сейчас на диване, мой бывший самый лучший друг, настоящий друг детства. Вот он сидит, смеется разными глазами, а я хочу тренировать об него силу удара…

– Ты что, – сказала мама, она уже вернулась из коридора. – Что с тобой?

А я не знал, что со мной, я долго молчал и отвернулся от мамы, чтобы она по голосу или по губам не догадалась, что со мной, и я задрал голову к потолку, чтобы слезы вкатились обратно, и потом, когда я скрепился немного, я сказал:

– Ты о чем, мама? Со мной ничего… Просто я раздумал. Просто я никогда не буду боксером.

오디오 파일

5. Ничего изменить нельзя

Я давно уже заметил, что взрослые задают маленьким очень глупые вопросы. Они как будто сговорились. Получается так, словно они все выучили одинаковые вопросы и задают их всем ребятам подряд. Я так к этому делу привык, что наперед знаю, как все произойдет, если я познакомлюсь с каким-нибудь взрослым. Это будет так.

Вот раздастся звонок, мама откроет дверь, кто-то будет долго гудеть что-то непонятное, потом в комнату войдет новый взрослый. Он будет потирать руки. Потом уши, потом очки. Когда он их наденет, то увидит меня, и хотя он давным-давно знает, что я живу на этом свете, и прекрасно знает, как меня зовут, он все-таки схватит меня за плечи, сожмет их довольно-таки больно, притянет меня к себе и скажет:

«Ну, Денис, как тебя зовут?»

Конечно, если бы я был невежливый человек, я бы ему сказал:

«Сами знаете! Ведь вы только сейчас назвали меня по имени, зачем же вы несете несуразицу?»

Но я вежливый. Поэтому я притворюсь, что не расслышал ничего такого, я просто криво улыбнусь и, отведя в сторону глаза, отвечу:

«Денисом».

Он с ходу спросит дальше:

«А сколько тебе лет?»

Как будто не видит, что мне не тридцать и даже не сорок! Ведь видит же, какого я роста, и, значит, должен понять, что мне самое большее семь, ну восемь от силы, — зачем же тогда спрашивать? Но у него свои, взрослые взгляды и привычки, и он продолжает приставать:

«А? Сколько же тебе лет? А?»

Я ему скажу:

«Семь с половиной».

Тут он расширит глаза и схватится за голову, как будто я сообщил, что мне вчера стукнуло сто шестьдесят один. Он прямо застонет, словно у него три зуба болят:

«Ой-ой-ой! Семь с половиной! Ой-ой-ой!»

Но чтобы я не заплакал от жалости к нему и понял, что это шутка, он перестанет стонать. Он двумя пальцами довольно-таки больно ткнет меня в живот и бодро воскликнет:

«Скоро в армию! А?»

А потом вернется к началу игры и скажет маме с папой, покачивая головой:

«Что делается, что делается! Семь с половиной! Уже! — И, обернувшись ко мне, добавит: — А я тебя вот такусеньким знал!»

И он отмерит в воздухе сантиметров двадцать. Это в то время, когда я точно знаю, что во мне был пятьдесят один сантиметр в длину. У мамы даже такой документ есть. Официальный. Ну, на этого взрослого я не обижаюсь. Все они такие. Вот и сейчас я твердо знаю, что ему положено задуматься. И он задумается. Железно. Он повесит голову на грудь, словно заснул. А тут я начну потихоньку вырываться из его рук. Но не тут-то было. Просто взрослый вспомнит, какие там у него еще вопросы завалялись в кармане, он их вспомнит и наконец, радостно улыбаясь, спросит:

«Ах да! А кем ты будешь? А? Кем ты хочешь быть?»

Я-то, честно говоря, хочу заняться спелеологией, но я понимаю, что новому взрослому это будет скучно, непонятно, это ему будет непривычно, и, чтобы не сбивать его с толку, я ему отвечу:

«Я хочу быть мороженщиком. У него всегда мороженого сколько хочешь».

Лицо нового взрослого сразу посветлеет. Все в порядке, все идет так, как ему хотелось, без отклонений от нормы. Поэтому он хлопнет меня по спине (довольно-таки больно) и снисходительно скажет:

«Правильно! Так держать! Молодец!»

И тут я по своей наивности думаю, что это уже все, конец, и начну немного посмелее отодвигаться от него, потому что мне некогда, у меня еще уроки не приготовлены и вообще тысяча дел, но он заметит эту мою попытку освободиться и подавит ее в корне, он зажмет меня ногами и закогтит руками, то есть, попросту говоря, он применит физическую силу, и, когда я устану и перестану трепыхаться, он задаст мне главный вопрос.

«А скажи-ка, друг ты мой… — скажет он, и коварство, как змея, проползет в его голосе, — скажи-ка, кого ты больше любишь? Папу пли маму?»

Бестактный вопрос. Тем более что задан он в присутствии обоих родителей. Придется ловчить. «Михаила Таля», — скажу я.

Он захохочет. Его почему-то веселят такие кретинские ответы. Он повторит раз сто:

«Михаила Таля! Ха-ха-ха-ха-ха-ха! Каково, а? Ну? Что вы скажете на это, счастливые родители?»

И будет смеяться еще полчаса, и папа и мама будут смеяться тоже. И мне будет стыдно за них и за себя. И я дам себе клятву, что потом, когда кончится этот ужас, я как-нибудь незаметно для папы поцелую маму, незаметно для мамы поцелую папу. Потому что я люблю их одинаково обоих, о-ди-на-ко-во!! Клянусь своей белой мышкой! Ведь это так просто. Но взрослых это почему-то не удовлетворяет. Несколько раз я пробовал честно и точно ответить на этот вопрос, и всегда я видел, что взрослые недовольны ответом, у них наступало какое-то разочарование, что ли. У всех у них в глазах как будто бывает написана одна и та же мысль, приблизительно такая: «У-у-у… Какой банальный ответ! Он любит папу и маму одинаково! Какой скучный мальчик!»

Потому я и совру им про Михаила Таля, пусть посмеются, а я пока попробую снова вырваться из стальных объятий моего нового знакомого! Куда там, видно, он поздоровее Юрия Власова. И сейчас он мне задаст еще один вопросик. Но по его тону я догадываюсь, что дело идет к концу. Это будет самый смешной вопрос, вроде бы на сладкое. Сейчас его лицо изобразит сверхъестественный испуг.

«А ты сегодня почему не мылся?»

Я мылся, конечно, но я прекрасно понимаю, куда он клонит.

И как им не надоест эта старая, заезженная игра?

Чтобы не тянуть волынку, я схвачусь за лицо.

«Где?! — вскрикну я. — Что?! Где?!»

Точно! Прямое попадание! Взрослый мгновенно произнесет свою старомодную муру.

«А глазки? — скажет он лукаво. — Почему такие черные глазки? Их надо отмыть! Иди сейчас же в ванную!»

И он наконец-то отпустит меня! Я свободен и могу приниматься за дела.

Ох и трудненько достаются мне эти новые знакомства! Но что поделать? Все дети проходят через это! Не я первый, не я последний…

Тут ничего изменить нельзя.

6. Англичанин Павля

- Завтра первое сентября, - сказала мама. - И вот наступила осень, и ты пойдешь уже во второй класс. Ох, как летит время!

- И по этому случаю, - подхватил папа, - мы сейчас «зарежем» арбуз!

И он взял ножик и взрезал арбуз. Когда он резал, был слышен такой полный, приятный, зеленый треск, что у меня прямо спина похолодела от предчувствия, как я буду есть этот арбуз. И я уже раскрыл рот, чтобы вцепиться в розовый арбузный ломоть, но тут дверь распахнулась, и в комнату вошел Павля. Мы все страшно обрадовались, потому что он давно уже не был у нас и мы по нем соскучились.

- Ого, кто пришел! - сказал папа. - Сам Павля. Сам Павля-Бородавля!

- Садись с нами, Павлик, арбуз есть, - сказала мама, - Дениска, подвинься.

Я сказал:

- Привет! - и дал ему место рядом с собой.

- Привет! - сказал он и сел.

И мы начали есть и долго ели и молчали. Нам неохота было разговаривать. А о чем тут разговаривать, когда во рту такая вкуснотища!

И когда Павле давали третий кусок, он сказал:

- Ах, люблю я арбуз. Даже очень. Мне бабушка никогда не дает его вволю поесть.

- А почему? - спросила мама.

- Она говорит, что после арбуза у меня получается не сон, а сплошная беготня.

- Правда, - сказал папа. - Вот поэтому-то мы и едим арбуз с утра пораньше. К вечеру его действие кончается, и можно спокойно спать. Ешь давай, не бойся.

- Я не боюсь, - сказал Павля.

И мы все опять занялись делом и опять долго молчали. И когда мама стала убирать корки, папа сказал:

- А ты чего, Павля, так давно не был у нас?

- Да, - сказал я. - Где ты пропадал? Что ты делал?

И тут Павля напыжился, покраснел, поглядел по сторонам и вдруг небрежно так обронил, словно нехотя:

- Что делал, что делал? Английский изучал, вот что делал.

Я прямо опешил. Я сразу понял, что я все это лето зря прочепушил. С ежами возился, в лапту играл, пустяками занимался. А вот Павля, он времени не терял, нет, шалишь, он работал над собой, он повышал свой уровень образования. Он изучал английский язык и теперь небось может переписываться с английскими пионерами и читать английские книжки! Я сразу почувствовал, что умираю от зависти, а тут еще мама добавила:

- Вот, Дениска, учись. Это тебе не лапта!

- Молодец, - сказал папа. - Уважаю!

Павля прямо засиял.

- К нам в гости приехал студент, Сева. Так вот он со мной каждый день занимается. Вот уже целых два месяца. Прямо замучил совсем.

- А что, трудный английский язык? - спросил я.

- С ума сойти, - вздохнул Павля.

- Еще бы не трудный, - вмешался папа. - Там у них сам черт ногу сломит. Уж очень сложное правописание. Пишется Ливерпуль, а произносится Манчестер.

- Ну да! - сказал я. - Верно, Павля?

- Прямо беда, - сказал Павля. - Я совсем измучился от этих занятий, похудел на двести граммов.

- Так что ж ты не пользуешься своими знаниями, Павля? - сказала мама. - Ты почему, когда вошел, не сказал нам по-английски «здрасте»?

- Я «здрасте» еще не проходил, - сказал Павля.

- Ну, вот ты арбуз поел, почему не сказал «спасибо»?

- Я сказал, - сказал Павля.

- Ну да, по-русски-то ты сказал, а по-английски?

- Мы до «спасибо» еще не дошли, - сказал Павля. - Очень трудное пропо-висание.

Тогда я сказал:

- Павля, а научи-ка меня, как по-английски «раз, два, три».

- Я этого еще не изучил, - сказал Павля.

- А что же ты изучил? - закричал я. - За два месяца ты все-таки хоть что-нибудь-то изучил?

- Я изучил, как по-английски «Петя», - сказал Павля.

- Ну, как?

- Пит! - торжествующе объявил Павля. - По-английски Петя будет Пит. - Он радостно засмеялся и добавил: - Вот завтра приду в класс и скажу Петьке Горбушкину: «Пит, а Пит, дай ластик!» Небось рот разинет, ничего не поймет. Вот потеха-то будет! Верно, Денис?

- Верно, - сказал я. - Ну, а что ты еще знаешь по-английски?

- Пока все, - сказал Павля.

오디오 파일

7. Тайное становится явным.

Я услышал, как мама сказала кому-то в коридоре:

– … Тайное всегда становится явным.

И когда она вошла в комнату, я спросил:

– Что это значит, мама: «Тайное становится явным»?

– А это значит, что если кто поступает нечестно, все равно про него это узнают, и будет ему стыдно, и он понесет наказание, – сказала мама. – Понял?.. Ложись-ка спать!

Я почистил зубы, лег спать, но не спал, а все время думал: как же так получается, что тайное становится явным? И я долго не спал, а когда проснулся, было утро, папа был уже на работе, и мы с мамой были одни. Я опять почистил зубы и стал завтракать.

Сначала я съел яйцо. Это еще терпимо, потому что я выел один желток, а белок раскромсал со скорлупой так, чтобы его не было видно. Но потом мама принесла целую тарелку манной каши.

– Ешь! – сказала мама. – Безо всяких разговоров!

Я сказал:

– Видеть не могу манную кашу!

Но мама закричала:

– Посмотри, на кого ты стал похож! Вылитый Кощей! Ешь. Ты должен поправиться.

Я сказал:

– Я ею давлюсь!..

Тогда мама села со мной рядом, обняла меня за плечи и ласково спросила:

– Хочешь, пойдем с тобой в Кремль?

Ну еще бы… Я не знаю ничего красивее Кремля. Я там был в Грановитой палате и в Оружейной, стоял возле царь-пушки и знаю, где сидел Иван Грозный. И еще там очень много интересного. Поэтому я быстро ответил маме:

– Конечно, хочу в Кремль! Даже очень!

Тогда мама улыбнулась:

– Ну вот, съешь всю кашу, и пойдем. А я пока посуду вымою. Только помни

— ты должен съесть все до дна!

И мама ушла на кухню.

А я остался с кашей наедине. Я пошлепал ее ложкой. Потом посолил. Попробовал — ну, невозможно есть! Тогда я подумал, что, может быть, сахару не хватает? Посыпал песку, попробовал… Еще хуже стало. Я не люблю кашу, я же говорю.

А она к тому же была очень густая. Если бы она была жидкая, тогда другое дело, я бы зажмурился и выпил ее. Тут я взял и долил в кашу кипятку. Все равно было скользко, липко и противно. Главное, когда я глотаю, у меня горло само сжимается и выталкивает эту кашу обратно. Ужасно обидно! Ведь в Кремль-то хочется! И тут я вспомнил, что у нас есть хрен. С хреном, кажется, почти все можно съесть! Я взял и вылил в кашу всю баночку, а когда немножко попробовал, у меня сразу глаза на лоб полезли и остановилось дыхание, и я, наверно, потерял сознание, потому что взял тарелку, быстро подбежал к окну и выплеснул кашу на улицу. Потом сразу вернулся и сел за стол.

В это время вошла мама. Она посмотрела на тарелку и обрадовалась:

— Ну что за Дениска, что за парень-молодец! Съел всю кашу до дна! Ну, вставай, одевайся, рабочий народ, идем на прогулку в Кремль! — И она меня поцеловала.

В эту же минуту дверь открылась, и в комнату вошел милиционер. Он сказал:

— Здравствуйте! — и подошел к окну, и поглядел вниз. — А еще интеллигентный человек.

— Что вам нужно? — строго спросила мама.

— Как не стыдно! — Милиционер даже стал по стойке «смирно». — Государство предоставляет вам новое жилье, со всеми удобствами и, между прочим, с мусоропроводом, а вы выливаете разную гадость за окно!

— Не клевещите. Ничего я не выливаю!

— Ах не выливаете?! — язвительно рассмеялся милиционер. И, открыв дверь в коридор, крикнул: — Пострадавший!

И к нам вошел какой-то дяденька.

Я как на него взглянул, так сразу понял, что в Кремль я не пойду.

На голове у этого дяденьки была шляпа. А на шляпе наша каша. Она лежала почти в середине шляпы, в ямочке, и немножко по краям, где лента, и немножко за воротником, и на плечах, и на левой брючине. Он как вошел, сразу стал заикаться:

– Главное, я иду фотографироваться... И вдруг такая история... Каша... мм... манная... Горячая, между прочим, сквозь шляпу и то... жжет... Как же я пошлю свое... фф... фото, когда я весь в каше?!

Тут мама посмотрела на меня, и глаза у нее стали зеленые, как крыжовник, а уж это верная примета, что мама ужасно рассердилась.

– Извините, пожалуйста, – сказала она тихо, – разрешите, я вас почищу, пройдите сюда!

И они все трое вышли в коридор.

А когда мама вернулась, мне даже страшно было на нее взглянуть. Но я себя пересилил, подошел к ней и сказал:

– Да, мама, ты вчера сказала правильно. Тайное всегда становится явным!

Мама посмотрела мне в глаза. Она смотрела долго-долго и потом спросила:

– Ты это запомнил на всю жизнь? И я ответил:

– Да.

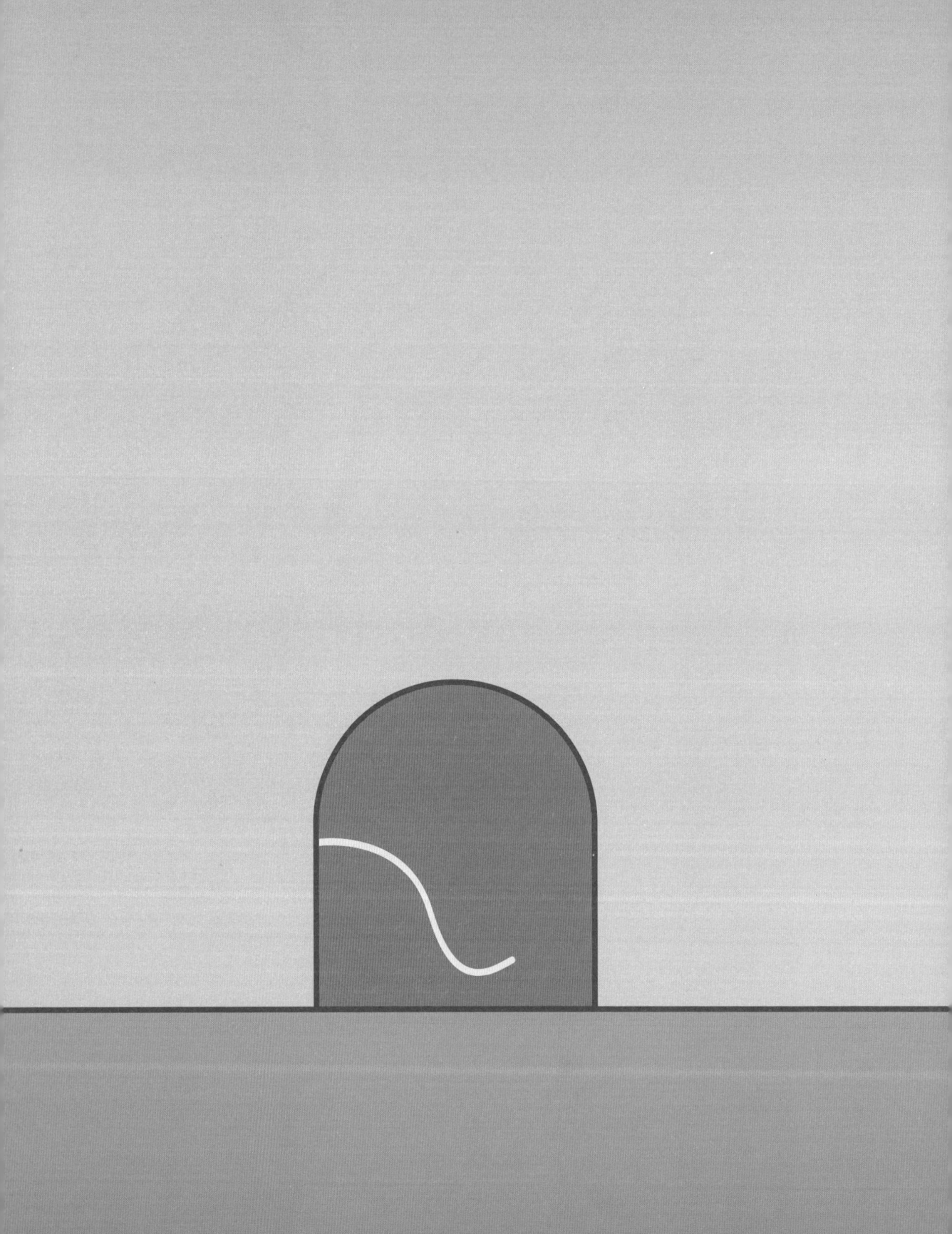

부록
단어장
Список слов

Он живой и светится...

1	возле+생격	[전]	~근처에
2	задерживаться	[불완]	(평소보다 혹은 예상보다) 일을 더 오래 하다
3	ребята	[복]	(⇐ ребёнок) 아이들
4	бублик		베이글 같이 생긴 빵
5	брынза		(브린자) 양젖과 염소젖으로 만든 치즈
6	зажигаться	[불완]	(조명이) 들어오다
7	огонёк	[명]	조명, (반딧불이 내는) 빛
8	заиграть	[완]	(음악을) 연주하기 시작하다
9	задвигаться	[완]	움직이기 시작하다
10	бородатый	[형]	턱수염이 풍성하게 난
11	всё	[부]	지금까지, 여전히
12	на краю света		세상 끝에(서)
13	моментально		즉시, 바로
14	заставлять+대격+동사원형		~를 '동사'하게 만들다
15	скучать	[불완]	누군가를 오랫동안 기다리다
16	в это время	[부]	이때
17	здор'ово	[부]	(친한 친구끼리 하는 인사말) 안녕
18	достать	[완]	~을 갖게되다, 손에 넣다
19	набирать	[불완]	~(힘, 모래 등)을 모으다
20	сваливать	[불완]	(무거운 짐 등을) 내리다
21	ручка	[명]	손잡이
22	вертеть	[불완]	~을 돌리다
23	отъезд	[명]	출발, 떠남
24	надуться	[완]	골을 내다, 언짢은 표정을 짓다
25	отодвинуться от+생격		~로부터 조금 떨어지다
26	ещё+비교급		훨씬 더 '비교급'하다
27	ворота	[명]	대문

28	пропустить+대격	[완]	~을 놓치다, 못 보다
29	лечь	[완]	눕다
30	самосвал	[명]	덤프트럭
31	отвязаться	[완]	~를 내버려두다, 귀찮게 하지 않다
32	сравнить	[완]	~을 (조격)과 비교하다
33	плавательный круг		물놀이 튜브
34	лопнутый	[형]	(공 등이) 터진
35	заклеить	[완]	(구멍난 부분 등을) 붙이다
36	рассердиться	[완]	화나다
37	была не была		(힘들거나 위험한 일을 할 준비가 돼있다는 뜻으로) 네가 정 그렇다면
38	доброта	[명]	선함, 배려
39	протянуть	[완]	~을 내밀다
40	коробочка от спичек		성냥갑
41	сперва		처음에는
42	светло-зелёный		연두색의
43	как будто	[접]	마치 ~하듯이
44	далеко-далеко от+생격		~로부터 아주 멀리
45	крошечный	[형]	아주 작은
46	звёздочка	[명]	작은 별
47	в то же время		그와 동시에
48	держать в руках		두 손으로 잡고있다
49	шёпотом		귓속말로
50	брать	[불완]	~을 가지다
51	навсегда	[부]	영원히
52	насовсем	[부]	완전히 (가지다)
53	взять домой		집에 가져가다
54	схватить	[완]	~을 낚아채다
55	глядеть на+대격		~를 응시하다

56	наглядеться	[완]	실컷 보다
57	сказка	[명]	옛날이야기
58	ровно		고르게 (숨을 쉬다)
59	дышать	[불완]	숨쉬다
60	стучать	[불완]	두드리다
61	сердце	[명]	심장
62	чуть-чуть	[부]	조금
63	колоть	[불완] [무인칭문]	찌르는 느낌이 나다
64	вокруг	[부]	주위에
65	на белом свете		세상에서
66	променять что(4)А на что(4)Б		А를 Б와 바꾸다
67	погасить свет		불(조명)을 끄다
68	вдвоём	[부]	둘이서
69	зажечь свет		불을 켜다
70	волшебство	[명]	마법, 마법과 같이 놀라운 것
71	всё-таки	[접]	그럼에도 불구하고, 그래도
72	решиться	[완]	~할 결심이 서다
73	ценный	[형]	귀한
74	оказаться	[완]	알고보니~ 이다
75	пристально	[부]	뚫어지게 (보다)
76	именно	[소]	(의문사를 강조하고자 할때) 바로, 다름아닌

		Слава Ивана Козловского	
1	табель	[명]	목록, 성적표
2	пятёрка	[명]	5점
3	чистописание	[명]	서도 (글씨 쓰는 법을 배움)
4	четвёрка	[명]	4점
5	клякса	[명]	종이 위에 생긴 잉크 얼룩
6	прямо	[소]	(놀람을 강조하며) 정말
7	перо	[명]	펜
8	соскакивать	[불완]	(말 등에서) 떨어지다, (펜에서 얼룩이) 떨어지다
9	макать	[불완]	(액체에) 넣다, 적시다
10	чернила	[명]	잉크
11	кончик	[명]	끝부분
12	всё равно		여전히
13	чудеса	[명][복]	(⇐ чудо)기적들
14	чисто-чисто	[부]	아주 깨끗하게
15	любо-дорого+동사원형		기쁘게, 기분 좋게
16	пятёрочный	[형]	5점의
17	середина	[명]	가운데
18	взяться	[완]	(~이) 손에 들어오다
19	просочиться	[완]	서서히 번지다, (물 등이) 새다
20	пение	[명]	(과목명) 노래
21	получиться	[완]	(일 등의 결과가) 어떻게 되다
22	хором		다같이, 모두 함께
23	берёзонька	[명]	자작나무
24	выходить	[불완]	(결과가) ...하다
25	всё время		줄곧, 계속
26	морщиться	[불완]	인상을 찌푸리다
27	кричать	[불완]	소리지르다

28	тянуть	[불완]	(모음을) 길게 발음하다
29	гласный	[명]	모음
30	хлопнуть в ладоши		손뼉 치다
31	кошачий	[형]	고양이 특유의, 고양이 목소리의
32	заняться	[완]	공부하다
33	индивидуально	[부]	개인적으로, 개별적으로
34	отдельно	[부]	따로, 개별적으로
35	вызвать	[완]	~를 부르다
36	рояль	[명]	그랜드 피아노
37	прошептать	[완]	귓속말 하다
38	тихонечко	[부]	조용히
39	запеть	[완]	노래하기 시작하다
40	лёдок	[명]	얼음
41	беленький	[형]	흰
42	снежок	[명]	눈
43	пищать	[불완]	새 등이 소리지르다, 소리를 꽥꽥 지르다
44	просто	[소]	다만, 단지
45	выдержать	[완]	참다, 견디다
46	рассмеяться	[완]	박장대소하기 시작하다
47	поставить	[완]	(점수 등을) 주다
48	поглядеть на+대격		~를 잠시 쳐다보다
49	хохотун	[명]	큰 소리로 잘 웃는 사람
50	подбежать	[완]	뛰어서 다가오다
51	исполнять	[불완]	(노래를) 부르다, (악기를) 연주하다
52	вежливо	[부]	예의바르게, 정중하게
53	гражданская война		내전
54	вести	[불완]	인도하다
55	смелее	[부][비]	더 용맹스럽게

56	бой	[명]	전투, 전쟁터
57	тряхнуть головой		머리를 한 번 흔들다
58	остановить	[완]	중단시키다
59	погромче	[부][비]	더 크게
60	заиграть	[완]	연주를 시작하다
61	набрать воздух		서서히 숨을 많이 들이마시다
62	запеть	[완]	노래하기 시작하다
63	ясный	[형]	맑은 (하늘)
64	виться	[불완]	선회하다
65	алый	[형]	붉은
66	стяг	[명]	기치
67	конь	[명][남]	말
68	стучать (копытом)		(말발굽) 소리를 내다
69	лиловый	[형]	밝은 보라색의
70	зажмуриться	[완]	인상을 찌푸리다
71	восторг	[명]	환희
72	что было сил		있는 힘껏
73	виден	[형]	보이는
74	битва	[명]	전투
75	упоительный	[형]	환희를 자아내는
76	лавина	[명]	눈사태
77	мчаться	[불완]	달리다
78	побеждать	[불완]	이기다
79	отступать	[불완]	후퇴하다
80	даёшь	[간투사]	어서 속히!
81	нажать	[완]	누르다
82	кулак	[명]	주먹
83	чуть не		하마터면 ~할 뻔하다

84	лопнуть	[완]	터지다
85	вр'езаться	[완]	힘들게 들어가다
86	весь	[대]	온전히, 완전히
87	потный	[형]	땀에 젖은
88	дрожать	[불완]	후들거리다
89	колени	[명][복]	(⇐ колено) 무릎(들)
90	склониться	[완]	~쪽으로 몸을 숙이다
91	трястись	[불완]	흔들리다
92	плечи	[명][복]	(⇐ плечо) 어깨(들), 양쪽 어깨
93	чудовищно	[부]	어마어마하다, 엄청나다
94	похвалить	[완]	~를 칭찬하다
95	платок	[명]	숄
96	учесть	[완]	~을 염두에 두다
97	заметить	[완]	~을 알아차리다, 눈치채다
98	немножко	[부]	조금, 살짝
99	по-другому	[부]	다르게, 다른 방식으로
100	поставить	[완]	(점수를) 주다
101	пока	[부]	일단, 당분간
102	тройка	[명]	3점
103	за+대격	[전]	~에 대한 대가로, ~에 대하여
104	прилежание	[명]	노력
105	опешить	[완]	당황하다
106	закладывать-заложить (уши)		(귀를) 막다
107	жалостливый	[형]	슬픈, 감동적인
108	завести	[완]	(대화, 노래 등을) 시작하다
109	поспешно	[부]	서둘러
110	обсудить	[완]	상의하다, 논의하다
111	в следующий раз		다음에
112	раздаться	[완]	(소리가) 들리다

	Одна капля убивает лощадь			
1	заболеть	[완]		발병하다
2	простуда	[명]		감기
3	сердце	[명]		심장
4	лёгкий	[형]		가벼운
5	шумок	[명]		희미한 소음
6	глупо	[부]		어리석게도
7	доводить себя до+생격			~에 이르게 하다
8	проклятый	[형]		젠장할, 망할
9	папироса	[명]		담배 한 개비
10	шум	[명]		소음
11	хрип	[명]		목쉰 소리, 깨끗하지 못한 소리
12	преувеличивать	[불완]		과장하다
13	всего-навсего	[구어체]		겨우, 고작해야
14	шумишко	[명][남]		걱정할 필요 없는 작은 소음
15	воскликнуть	[완]		소리지르다
16	устроить	[완]		'대격'이 '주격'을 마음에 들어하다
17	скрип	[명]		삐그덕거리는 소리
18	лязг	[명]		금속 부딪히는 소리
19	скрежет	[명]		끼익 소리
20	пила	[명]		톱, 잔소리 하는 사람
21	перебить	[완]		말허리를 자르다, ~의 말을 도중에 중단시키다
22	пилить	[불완]		톱질하다
23	действительно	[부]		정말로, 실제로
24	вредно	[부]		해롭다
25	папиросный яд			니코틴액
26	поменьше+생격			~보다 더 적게
27	как ни верти			아무리 애를 써도

28	захудалая корова		비쩍 마른 젖소
29	поместиться	[완]	~안에 들어가다
30	испугаться	[완]	겁먹다
31	яд	[명]	독, 독극물
32	выздороветь	[완]	완치되다
33	прилично	[부]	예의바르게, 점잖게
34	как только	[접]	막~ 하자마자
35	завертеться	[완]	부산을 떨다
36	затрещать	[완]	말을 빠르게 많이 말하다
37	усесться	[완]	(오래 있을 요량으로) 자리잡고 앉다
38	дуть	[불완]	(바람이) 불다
39	окружать+조격	[불완]	'대격'에게 '조격' 상황을 만들다
40	в конце концов		결국
41	наокружаться	[완]	지나치게 염려하다
42	назаботиться	[완]	지나치게 챙기다
43	всыпать	[완]	(가루 등을) 쏟다
44	размешать	[완]	섞어서 녹게 만들다
45	хлебнуть	[완]	한 모금 마시다
46	сморщиться	[완]	인상을 찌푸리다
47	положить	[완]	~을 …에 넣다
48	расхохотаться	[완]	점점 더 큰 소리로 웃다
49	во всё горло		목청껏, 굉장히 큰 소리로
50	как будто	[접]	마치~인 것처럼
51	кусать за+대격		'대격'을 물다
52	пятки(⇐ пятка)	[명][복]	발뒤꿈치
53	отодвинуть	[완]	~을 (한쪽으로) 치우다
54	в сторону		한쪽으로
55	вынуть	[완]	~을 꺼내다

56	тоненький	[형]	가느다란
57	портсигарчик	[명][구어체]	담배 케이스
58	в утешение за+대격		~에 대한 위로 차원에서
59	испорченный	[형동사]	망친, 못 마시게 된
60	закуривать	[불완]	불을 붙여서 담배를 피우기 시작하다
61	смешной	[형]	우스꽝스러운
62	виновница	[명]	잘못을 저지른 여자
63	разозлиться на+대격		~에게 격노하다
64	за время+생격		~하는 동안
65	отвыкнуть	[완]	습관을 잃어버리다
66	убивать	[불완]	~를 죽이다, 죽게 만들다
67	дура	[명]	(여성형) 바보
68	лопнуть	[완]	금이 가거나 터지다, 폭발하다
69	про себя		1) 조용히, 작은 소리로 2) 머릿속으로
70	в мыслях		생각으로, 머릿속으로
71	повертеть	[완]	~을 잠시 돌리다
72	тронутый	[형동사]	(⇐ тронуть) 감동 받은
73	папироска	[명]	(구어체) (=папироса) 담배 한 개비
74	впрочем		(주저하거나 의심하며) 그건 그렇고…
75	взглянуть на+대격		~를 쳐다보다
76	выдувать	[불완]	~을 불어서 식히다
77	на ночь		자기 직전에
78	укоротить	[완]	길이를 줄이다, 짧게 만들다
79	обрезать	[완]	끝부분을 잘라서 길이를 줄이다
80	ящик	[명]	(책상 등의) 서랍
81	примерить	[완]	사이즈를 재다
82	отнести	[완]	갖다주다, (물건을 갖다놓다)
83	работа	[명]	특정 행위의 결과물

84	рассмеяться	[완]	박장대소하기 시작하다
85	полюбоваться	[완]	감상하다
86	сообразительный	[형]	상황 판단을 잘 하는
87	наперебой	[부]	서로 앞다투어(말하다, ~을 하다)
88	выхватывать	[불완]	빼앗다
89	оглушительный	[형]	귀가 먹을 정도로 크게
90	хохотать	[불완]	큰 소리로 웃다
91	стараться	[불완]	노력하다
92	согнуть	[완]	~을 굽히다
93	костяшка	[명]	주먹을 쥐거나 손가락을 굽혔을 때 튀어나온 뼈 부분
94	палец	[명]	손가락, 발가락
95	постучать по+여격		~를 두드리다, 때리다
96	картонный	[형]	마분지로 만든
97	мундштук	[명]	담배 머리 부분
98	песок	[명]	모래
99	опилки	[명]	톱밥
100	заругать	[완]	욕하며 혼내다
101	чересчур	[부]	지나치게, 심하게
102	пристально	[부]	뚫어지게 (쳐다보다)
103	взять за+대격		~을 잡다
104	посмотреть+여격+ в глаза		~의 눈을 보다
105	флаг	[명]	깃발
106	нарочно	[부]	일부러, 고의로
107	обмануть	[완]	~를 속이다
108	чесаться	[불완]	근질근질하다
109	объяснять	[불완]	설명하다
110	шутка	[명]	농담

	Друг детства		
1	совершенно не		전혀 안...
2	в конце концов		결국
3	ужасный	[형]	매우 ~한
4	путаница	[명]	혼란
5	растерянный	[형]	당황한
6	толком	[부]	명료하게
7	приниматься за+대격		~착수하다
8	астроном	[명]	천문학자
9	телескоп	[명]	망원경
10	наблюдать в+대격		~안을 관찰하다
11	далёкий	[형]	먼
12	капитан	[명]	선장
13	дальний	[형]	멀리 가는
14	плавание	[명]	항해
15	расставить ноги		두 다리를 벌리다
16	капитанский мостик		선교
17	забавный	[형]	우스꽝스러운
18	обезьянка	[명]	원숭이
19	до смерти		엄청, 굉장히
20	превратиться в+대격		~로 변하다
21	фуражка	[명]	(기관사나 역장용 챙이 달린) 모자
22	разгораться	[불완]	(바람 등이) 강렬해지다
23	аппетит	[명]	바람
24	выучиться на+대격		~가 되려고 배우다
25	полоска	[명]	긴 선, (바퀴 등으로 만들어진) 길고 좁은 흔적, 자국
26	мчащийся(⇐ мчаться)	[형동사]	달리는
27	отважный	[형]	두려움을 모르는, 용감한

28	переплыть	[완]	횡단하다
29	утлый	[형]	견고하지 못한
30	челнок	[명]	작은 보트
31	питаться+조격		~를 먹다
32	сырой	[형]	익히지 않은
33	похудеть	[완]	살이 빠지다
34	путешествие	[명]	여행
35	один-другой		차례대로
36	рыбина	[명]	커다란 물고기 한 마리
37	растаять	[완]	(액체 등이) 녹다, 사라지다
38	воздух	[명]	공기
39	подсчитать	[완]	계산해서 결론을 내리다
40	затея	[명]	(보통 이루기 힘든) 계획
41	отказаться от+생격		~를 거부하다, ~을 안 하기로 마음먹다
42	приспичить	[완](속어)	급하게 필요하다
43	розыгрыш первенства		선수권 대회
44	бокс	[명]	복싱
45	молотить	[불완]	(구어체) 때리다
46	колотить	[불완]	때리다, 치다
47	продолговатый	[형]	(폭보다) 길이가 긴
48	бить	[불완]	때리다, 치다
49	лупить	[불완](속어)	세게 때리다, 패다
50	наглядеться на+대격		~을 여러 번 보다
51	в случае чего		만약 위험하거나 불편한 상황이 발생한다면
52	рассмеяться	[완]	큰 소리로 웃기 시작하다
53	съедобный	[형]	식용의
54	обыкновенный	[형]	흔한
55	кожаный	[형]	가죽의

56	боксёрская груша		샌드백
57	тренироваться	[불완]	훈련하다
58	поинтересоваться	[완]	~에 관심을 보이다
59	пустяки	[명]	(구어체) 얼마 안 한다
60	спятить	[완](속어)	미치다
61	братец	[명]	남자, 청년, 소년을 다정하게 부르는 호칭
62	перебиться	[완](구어체)	~없이 견뎌보다
63	одеться	[완]	옷을 입다
64	обидеться на+대격		~에게 서운하다
65	со смехом		(소리내어) 웃으면서
66	тотчас	[부]	즉시, 당장
67	погоди-ка		(잠깐만) 기다려봐
68	наклониться	[불완]	상체를 숙이다
69	вытащить	[완]	~을 꺼내다
70	из-под+생격	[전]	~밑으로부터
71	плетёный	[형]	땋은, 꼬아서 만든
72	корзинка	[명](구어체)	바구니
73	сложены		(⇐ сложить로 만든 피동형동사 과거 단어미형) 차곡차곡 넣어두었다
74	игрушка	[명]	장난감
75	вырасти	[완]	성장하다, 자라다
76	школьная форма		교복
77	картуз	[명]	챙이 달린 모자
78	блестящий	[형]	반짝이는
79	козырёк	[명]	(모자의) 챙
80	копаться	[불완]	뒤지다
81	трамвайчик	[명]	전차장난감
82	колёса(⇐ колесо)	[명] 복]	바퀴들
83	верёвочка	[명]	길지 않고 가는 끈

84	пластмассовая дудка		플라스틱 피리
85	помятый	[형동사]	(⇐ помять의 피동형동사 과거형) 구겨진
86	волчок	[명]	늑대 인형
87	стрела	[명]	화살
88	резиновый	[형]	고무로 된
89	нашлёпка	[명]	~에 붙인 것
90	обрывок	[명]	뜯겨진 조각
91	парус	[명]	돛
92	лодка	[명]	보트
93	погремушка	[명]	딸랑이
94	утиль	[명][남]	쓸모없는 물건
95	здоровующий	[형](속어)	굉장히 큰
96	плюшевый	[형]	플러시 천으로 만든
97	мишка	[명]	곰인형
98	тот самый		다름아닌
99	тугой	[형]	팽팽한
100	выкатить	[완]	빨리 나오다
101	чем не		제격이다, 아주 적합하다
102	коридор	[명]	복도
103	обрадоваться	[완]	기뻐하다
104	здорово	[부]	아주 멋지게
105	придумать	[완]	고안하다
106	устроить	[완]	자리를 잡다
107	сподручный	[형]	편한, 적합한
108	развивать	[불완]	키우다, 발전시키다
109	сила удара		펀치 파워
110	шоколадный	[형]	갈색의
111	облезлый	[형]	털이 많이 빠진

112	собственный	[형]	자기자신의
113	стеклянный	[형]	유리의
114	пуговица	[명]	단추
115	наволочка	[명]	베개 커버
116	разный	[형]	다양한
117	выпятить	[완]	앞으로 내밀다
118	навстречу	[전]	~를 마주 보고
119	поднять	[완]	~를 들다
120	кверху	[부]	땅에서 위로
121	сдаваться	[불완]	항복하다
122	вспомнить	[완]	떠올리다
123	давным-давно	[부] [구]	아주 오래전에
124	расставаться	[불완]	헤어지다
125	повсюду	[부]	어딜 가든
126	таскать	[불완]	끌고 다니다
127	за собой		자기 뒤로
128	нянькать	[불완]	아이를 돌보다
129	сажать	[불완]	~를 앉히다
130	перемазывать	[불완]	여러 군데에 묻히다
131	варенье	[명]	잼
132	прямо	[부]	꼭~ (같이)
133	укладывать	[불완]	눕히다
134	укачивать	[불완]	(아기를) 흔들어서 재우다
135	бархатный	[형]	벨벳 재질의, 부드러운
136	твёрденький	[형]	다소 딱딱한
137	ушки	[명] [복]	(⇐ ушко)작은 귀들
138	всей душой		진심으로, 아주 강렬하게 (원하다)
139	отдать жизнь за+대격		'대격'을 위해 목숨을 바치다

140	настоящий	[형]	진정한
141	тренировать	[불완]	~을 단련하다
142	вернуться	[완]	돌아오다
143	отвернуться от+생격		~로부터 돌아서다
144	задрать	[완]	~을 위로 들다
145	голова	[명]	머리
146	потолок	[명]	천장
147	вкатиться	[완]	굴러 들어가다
148	обратно	[부]	원래 있던 곳으로
149	скрепиться	[완]	진정하다
150	раздумать	[완]	생각을 바꾸다, 하려던 것을 안 하다
151	просто	[부]	그냥, 다만, 단지

	Ничего изменить нельзя		
1	взрослый	[명]	어른
2	задавать вопрос		질문을 하다
3	глупый	[형]	어리석은
4	сговориться	[완]	약속하다, 합의하다
5	словно	[접]	마치 ...인 것처럼
6	выучить	[완]	외우다
7	одинаковый	[형]	똑같은
8	привыкнуть+к+여격	[완]	익숙하다
9	наперёд	[부]	미리, 먼저 (알다)
10	раздаться	[완]	(소리가) 들리다
11	звонок	[명]	초인종 소리
12	гудеть	[불완]	웅웅거리다
13	потирать	[불완]	(손 등을) 잠시 닦다, 문지르다
14	довольно-таки		상당히, 꽤
15	притянуть	[완]	잡아당기다
16	вежливый	[형]	예의바른
17	притвориться	[완]	~인 척하다
18	расслышать	[완]	잘 듣다
19	криво улыбнуться		조소하다
20	отвести глаза		시선을 돌리다
21	с ходу		즉시
22	рост	[명]	키
23	взгляд	[명]	시선, 견해
24	привычка	[명]	습관
25	приставать	[불완]	귀찮게 하다
26	расширить глаза		눈을 크게 뜨다
27	схватиться за+대격		낚아채다

28	голова	[명]	머리
29	стукнуть	[완](구어체)	(나이가) ...살이 되다
30	прямо	[소]	정말로, 완전히
31	заплакать	[완]	울기 시작하다
32	шутка	[명]	농담
33	перестать	[완]	중단하다
34	ткнуть	[완]	(손가락 등으로) 찌르다
35	бодро	[부]	씩씩하게
36	воскликнуть	[완]	감탄하다
37	начало	[명]	시작
38	игра	[명]	게임
39	покачивать головой		고개를 내젓다
40	обернуться к+여격		~쪽으로 돌아보다
41	добавить	[완]	덧붙여 말하다
42	такусенький	[형](구어체)	조막만한
43	отмерить	[완]	재서 표시하다, 나타내다
44	точно	[부]	정확하게
45	документ	[명]	서류
46	официальный	[형]	공식적인
47	обижаться на+대격		서운하다
48	железно	[부]	강하게, 견고하게
49	задуматься	[완]	사색에 잠기다
50	повесить голову		고개를 떨구다
51	потихоньку	[부]	몰래
52	вырываться из+생격		빠져나오다
53	заваляться	[완]	오랫동안 방치하다
54	честно говоря		솔직히 말해서
55	спелеология	[명]	동굴학

56	скучно	[부]	지루하다
57	непривычно	[부]	낯설다, 익숙하지 않다
58	сбивать с толку		헷갈리게 만들다
59	мороженщик	[명]	아이스크림 판매원
60	посветлеть	[완]	더 밝아지다
61	хлопнуть по+여격		~를 한 번 때리다
62	снисходительно	[부]	관대하게
63	по наивности		순진해서
64	посмелее		더 열심히
65	отодвигаться от+생격		~로부터 떨어지다
66	попытка	[명]	시도
67	освободиться	[완]	벗어나다
68	подавить	[완]	힘으로 누르다
69	в корне		완전히
70	зажать	[완]	움직이지 못하게 누르다
71	закогтить	[완]	손발톱으로 꼭 잡다
72	то есть		즉, 다시 말해서
73	применить физическую силу		완력을 사용하다
74	устать	[완]	지치다, 피곤하다
75	трепыхаться	[불완]	버둥거리다
76	коварство	[명]	교활함
77	проползти	[완]	기어서 지나가다
78	бестактный	[형]	난감한
79	тем более		게다가
80	в присутствии+생격		~가 있는 데서
81	ловчить	[불완]	현명하게 대처하다
82	захохотать	[완]	큰 소리로 웃기 시작하다
83	кретинский	[형]	어리석은

84	ещё	[부]	앞으로 더
85	стыдно	[부]	창피하다
86	дать себе клятву		굳게 다짐하다
87	как-нибудь	[부]	적당한 때를 봐서
88	одинаково	[부]	똑같이
89	удовлетворять	[불완]	만족시키다
90	пробовать	[불완]	시도하다
91	честно	[부]	정직하게
92	недовольный	[형]	불만족한
93	разочарование	[명]	실망
94	бывает		어쩌면, 아마도
95	приблизительно	[부]	대략
96	банальный	[형]	진부한
97	соврать	[완]	거짓말하다
98	стальной	[형]	강철 같은
99	объятие	[명]	포옹
100	поздоровее	[비]	더 건장하다
101	по тону		톤으로
102	догадываться	[불완]	추측하다
103	сверхъестественный	[형]	놀라운, 비범한
104	испуг	[명]	공포
105	вскрикнуть	[완]	외마디 비명을 지르다
106	прямое попадание		바로 명중하는 것
107	мгновенно	[부]	순식간에
108	произнести	[완]	발음하다
109	старомодный	[형]	구식의
110	мура	[명]	쓸데없는 말
111	лукаво	[부]	교활하게

| 112 | отпустить | [완] | 놓아주다, 그만 괴롭히다 |
| 113 | приниматься за дела | | 일에 착수하다 |

	Англичанин Павля		
1	сентябрь	[명]	9월
2	наступить	[완]	(계절 등이) 오다
3	класс	[명]	(초,중,고) 학년
4	по этому поводу		이 일을 기념하여
5	подхватиться	[완]	재빨리 이해하다
6	зарезать	[완]	씹어먹다
7	взрезать	[완]	칼로 자르다
8	треск	[명]	쩍 갈라지는 소리
9	прямо	[부]	즉시
10	спина	[명]	(신체의) 등
11	похолодать от+생격		오싹하다
12	предчувствие	[명]	예감
13	раскрыть	[완]	크게 벌리다
14	вцепиться	[완]	꼭 잡다
15	ломоть	[명]	칼로 잘라서 평평하고 큰 조각
16	распахнуться	[완]	(문이) 활짝 열리다
17	соскучиться	[완]	그리워하다
18	подвинуться	[완]	자리를 만들려고 옆으로 가다
19	дать+여격+место		~에게 자리를 만들어주다
20	сесть	[완]	앉다
21	во рту(⇐ рот)		입안에
22	вкуснотища	[명]	(구어체) 굉장히 맛있는 것
23	вволю	[부]	실컷, 배불리, 원하는 만큼 (먹다, 놀다 등)
24	не A, а B		'A'가 아니라 'B'이다
25	сплошной	[형]	쉬지 않고 이어지는
26	беготня	[명](구어체)	뛰어다니는 것 (본문에서는 계속 화장실에 가는 것을 뜻함)
27	кончаться	[불완]	끝나다

28	корка	[명]	(과일의) 껍질
29	чего	[의문부사] (속어)	왜
30	пропадать	[불완]	사라지다, 안 오다, 연락을 안 하다, 전화를 안 받다
31	напыжиться	[완](구어체)	잔뜩 인상을 쓰다
32	по сторонам		사방을 (둘러보다)
33	небрежно	[부]	지나가는 말처럼
34	обронить	[완]	지나가는 말처럼 말하다
35	словно нехотя		마치 내키지 않는 것처럼
36	прямо	[부]	무척, 매우
37	опешить	[완](구어체)	당황하다
38	зря	[부]	공연히, 쓸데없이
39	прочепушить	[완]	시간을 허비하다
40	возиться с+조격		(동물과) 놀다
41	терять время		시간 낭비하다
42	шалишь		반대로
43	небось		분명히
44	это тебе не+주격		이건 네가 하는 '주격'이랑은 차원이 달라
45	засиять	[완]	(기뻐서) 표정이 밝아지다
46	так вот		(원래 하던 이야기로 돌아갈 때) 그래서 (그 사람이) 말이야, ...
47	замучить	[완]	괴롭히다
48	с ума сойти		미치다
49	вздохнуть	[완]	한숨쉬다
50	ещё бы не		물론이다
51	вмешаться	[완]	(대화 등에) 끼어들다
52	сам чёрт ногу сломит		완전 엉망이다
53	правописание		정자법
54	пишется		스펠링이 ...이다
55	произносится		발음이 ...이다

56	беда	[명]	너무 괴롭다, 굉장히 어렵다
57	измучиться	[완]	녹초가 되다
58	проходить	[불완]	배우다, (진도가) 나가다
59	дойти до+생격		~까지 배우다, (진도가) ~까지 나가다
60	торжествующе		무언가 대단한 걸 말하기라도 하려는 듯이
61	радостно	[부]	기쁘게
62	ластик	[명](구어체)	지우개
63	разинуть	[완]	입을 크게 벌리다
64	верно	[부]	~의 말이 옳다

	Тайное становится явным		
1	тайный	[형]	비밀의
2	явный	[형]	드러나는
3	поступать	[불완]	행동하다
4	нечестно	[부]	부정직하게
5	всё равно		어차피
6	стыдно	[부]	창피하다
7	понести наказание		벌을 받다
8	почистить зубы		이를 닦다
9	всё время		줄곧, 계속
10	ещё	[부]	그나마, 그런대로
11	терпимый	[형]	참을만한
12	выесть	[완]	안쪽에 있는 (노른자, 팥앙꼬 등을) 먹다
13	раскромсать	[완]	아무렇게나 자르다, 부수다
14	так, чтобы ...		...하도록 (그렇게)
15	манная каша		세몰리나 죽
16	безо всяких разговоров		잔말 말고
17	вылитый	[형]	꼭 ...같다
18	поправиться	[완]	살찌다
19	давиться	[불완]	~가 목에 걸려서 숨쉬기 힘들다
20	рядом	[부]	나란히, 옆에
21	обнять	[완]	포옹하다, 끌어안다
22	возле	[전]	근처에, 옆에
23	вымыть посуду		설거지하다
24	пошлёпать	[완]	(표면을 쳐서) 찰싹이다
25	посолить	[완]	소금 간을 살짝 하다
26	попробовать	[완]	먹어보다
27	посыпать	[완]	(가루를) 살짝 뿌리다

28	густой	[형]	(죽이) 되다
29	жидкий	[형]	(액체 등이) 묽다
30	зажмуриться	[완]	인상을 쓰다
31	скользко	[부]	매끄럽다
32	липко	[부]	끈적끈적하다
33	противно	[부]	역겹다, 역하다
34	хрен	[명]	겨자
35	вылить	[완]	쏟아 붓다
36	баночка	[명]	(잼 등을 넣는) 병
37	потерять сознание		의식을 잃다
38	выплеснуть	[완]	(액체를) 쏟아붓다
39	милиционер	[명]	경찰관
40	интеллигентный	[형]	지식인의
41	строго	[부]	엄하게, 엄격하게
42	по стойке смирно		차렷 자세로
43	государство	[명]	국가
44	предоставлять	[불완]	제공하다
45	жильё	[명]	주거, 살 집
46	со всеми удобствами		모든 편의 시설을 갖춘
47	гадость	[명]	역겨운 것
48	клеветать	[불완]	허위 사실을 유포하다
49	язвительно	[부]	악의적으로
50	край	[명]	끝부분
51	воротник	[명]	옷깃
52	брючина	[명]	바지의 한쪽 가랑이
53	жечь	[불완]	뜨겁다
54	крыжовник	[명]	구스베리
55	верная примета		...라는 확실한 징조이다

56	почистить	[완]	닦아내다
57	страшно	[부]	무섭다
58	пересилить себя		용기를 내다

교육센터 / 문화센터 / 출판센터
Tel. 02)2237-9387　Fax. 02)2238-9388
http://www.pushkinhouse.co.kr